涩泽荣一：

论语与算盘

[日] 涩泽荣一 ———— 著　吴四海　陈祖蓓 ———— 译

上海交通大学出版社
SHANGHAI JIAO TONG UNIVERSITY PRESS

内容提要

　　本书是涩泽荣一关于商业智慧与处世哲学的经典作品。全书共分为十章，书中，涩泽荣一将《论语》作为经商和立身处世的准绳，以论语智慧分述处世与信条、立志与学问、常识与习惯、仁义与富贵、理想与迷信、人格与修养、算盘与权利、实业与武士道、教育与情操、成败与命运十个主题，浓缩了其七十多年来的人生经验和处世智慧。"日本商业之父"涩泽荣一贯彻一生的理念，今天仍然能给我们指明前进的道路。

图书在版编目（CIP）数据

涩泽荣一：论语与算盘／（日）涩泽荣一著；吴四海，陈祖蓓译. —上海：上海交通大学出版社，2020（2024 重印）
ISBN 978－7－313－23038－6

Ⅰ . ①涩…　Ⅱ . ①涩…　②吴…　③陈…　Ⅲ . ①《论语》—应用—工业企业管理—研究—日本　Ⅳ . ①F431.35

中国版本图书馆 CIP 数据核字（2020）第 044987 号

涩泽荣一：论语与算盘
SEZERONGYI：LUNYU YU SUANPAN

著　　者：〔日〕涩泽荣一　　　　　　译　　者：吴四海　　陈祖蓓
出版发行：上海交通大学出版社　　　　地　　址：上海市番禺路 951 号
邮政编码：200030　　　　　　　　　　电　　话：021 - 64071208
印　　制：苏州市越洋印刷有限公司　　经　　销：全国新华书店
开　　本：880 mm×1230 mm　1/32　　印　　张：8.375
字　　数：142 千字
版　　次：2020 年 6 月第 1 版　　　　　印　　次：2024 年 11 月第 6 次印刷
书　　号：ISBN 978－7－313－23038－6
定　　价：68.00 元

译者序

　　有一个日本人，八岁习读《论语》《孟子》《大学》《中庸》和《礼记》《春秋》等经典，说他在儒学思想的熏陶下成长也不为过。或许你会认为：书生一个！但在日本明治维新时代，他创办了日本的第一家银行和证券公司，中日两国现在通用的"银行"一词就是他从"BANK"翻译而来的"杰作"。1869年，他29岁任职大藏省租税官，负责日本的货币和税收的制度改革。1873年，33岁的他弃官从商，开创了近代日本的金融、证券、电力、电气、钢铁、纺织、邮轮、教育等诸多事业。他一生创建的企业有五百余家，拥有"日本企业之父""金融之王""日本近代经济领路人"等诸多桂冠。此公就是涩泽荣一。

　　书生气、霸气、有知识、有见识、亦文亦商、财大气粗、钱多善贾，这些都可以用来形容涩泽荣一。但触动我的都不在此，而是他人到晚年，确切地说是在其86 岁的时候写成的一本著作——《论语与算盘》。可以说这是他一生实践和思考的结晶。

早在明治维新期间，涩泽荣一在主张引进西方经济体系和体制的同时，就提出要用《论语》的思想指导日本经济体系运作的构建。"洋为日用""中为日用"，经济之魂、经商之道的根本思想，就是"道德经济"——"没有道德就没有经济"。涩泽荣一的高明和功绩，不是别的，正是他对《论语》思想的运用和发展。他没有把《论语》当作统治阶级的"统治术"，更没有把《论语》当作课堂上照本宣科的"教科书"，而是把《论语》与经济、经商紧密相连，合二为一。在日本，从封建社会步入资本主义社会、明治维新带来社会变革的绝佳时机，就是他，把西方资本主义的工商制度和经济体系引进体制转型中的日本，大胆创新地把《论语》当作日本资本主义的指导思想。中国古典社会的产物《论语》，居然与日本资本主义对接了。《论语与算盘》在日本是经典名著，为日本工商界顶礼膜拜，正是因为书中这句话：

> 算盘，因为有了《论语》，才能打得更好；《论语》决定算盘，财富才有意义。两者看似相去

甚远，实则相距甚近。

一千五百年前，《论语》传到了日本；一百五十年前，涩泽荣一把《论语》再一次注入了一个现代的日本。《论语与算盘》这本书，不仅成为日本企业家的经商理念和经营宝典，更是影响着一代又一代日本人的做人准则和修为规范。仅从我们大家都熟悉的松下幸之助、稻盛和夫等人身上就可以看到，将"论语"精神与商业结合已是日本的一种特色，甚至是传统了。

我第一次知道涩泽荣一，是在 1987 年由读卖电视株式会社的青山行雄社长告诉我的。那一年我受他邀请赴日进修。青山先生是位热爱中国的"论语通"。而我认识青山先生是在 1985 年他造访上海电视台时，我为他做翻译。那一天，上海电视台时任台长龚学平接待来访者。龚学平一句客套话"有朋自远方来，不亦乐乎？"我还能翻译对付一下。但接下来，青山说的全是"子曰"开头的《论语》名句。"为人谋而不忠乎？与朋友交而不信乎？""己欲立而立人，己欲达而达人""德不孤，必有邻""讷于言而敏于行""君子喻于义，小人喻于利""巧言令色，鲜矣仁"的中日对译，令我傻了眼。看到我的囧相，青山先生很善解人意，他也是有备而来，拿出笔纸，直接笔谈！青山写上半句，龚学平接下半句，一时间，丰盛宴会变成"《论语》盛会"。望着他俩无需翻译照样情投意合、其乐融融的"《论语》笔谈"，我开始纳闷了：日本人都爱《论语》吗？《论语》是沟通中日文化交流的最好谈资？青山先生的《论语》水平怎么这么高！也许就是这次"《论语》会谈"，让我决定赴日进修。

从那时起，"日本与《论语》"就像一个大课题，常常出现在我脑海中。《论语》给日本带去了什么？日本从《论语》中又得到了什么？"每事问，是礼也"，等我数年后有所心得，"学如不及，犹恐失之"地想当面请教青山老先生时，他已驾鹤西去了。——遗憾啊，三十多年过去了。

2019年4月30日，蹭了个"黄金周"长假，我来到日本。没啥打算，想法单纯，以一个20世纪90年代在日本经历过"昭和"到"平成"的过渡的过来人身份，再来做个"平成"入"令和"的时代见证人。按理来讲，"改朝换代"，是天大的变动。但在日本，一如既往，平淡无奇，像走出一家居酒屋再走进另一家居酒屋后服务员递过来的一杯冰水和一条热毛巾一样，冷热温差没啥变化。倒是电视上看到的日本政府发布"最大面值一万日元纸币头像将更换为涩泽荣一"的消息，一下子触动了我。为何一万日币头像要换？为何是涩泽荣一？

现行一万日币头像是日本启蒙思想家福泽谕吉。他是日本明治时期杰出的思想家、教育家，毕生传播西方文明，主张日本从一切的愚昧中解放出来，强调男女平权，提倡教育要尊重自发性和想象力。他推动了日本资本主义的发展，被誉为日本"独立自尊"的旗帜。

一万元日币是日元的最大面值，福泽谕吉已雄踞万元日币40年，这次宣布涩泽荣一取代福泽谕吉，有何深意藏焉？

一个点子"噼啪"一响，像触了电般拨动了我心中的"算盘"。功夫在诗外，《论语》在心中。今天的我，为何不用《论语》打量一下当今的日本？

一个点子的形成，犹如一枚硬币的两面，表面说是看日本，其实背后的考量是来自对现实的深思和对社会的深情。"父母之年，不可不知。一则以喜，一则以惧。"改革开放四十年来，我国用辛勤汗水换来"世界第二大经济体"，成绩有目共睹，但同时，我们又时常会被一些与这一经济成果极不相称、极不般配的事，比如没有道德、没有良知、一心算计、满脑私欲的商家制造假疫苗和假奶粉、学术圈里论文造假、政治界官员贪污，搞得心情沉重、义愤填膺。明知这样做害人、这样做犯罪，为什么偏要铤而走险、"前仆后继"地只想赚钱呢？"君子喻于义，小人喻于利"，这么简单的道理，怎么就听不进呢？"富与贵，是人之所欲也；不以其道得之，不处也。"没有道德，要经济干什么？没有道德，就没有儒商、没有匠人。写得明明白白的《论语》，是我们的老祖宗用千年智慧总结得来的传家宝，为什么我们自己不心存感恩地捧在手心"三省吾身"呢？一个丰满的点子，诞生了：就以"《论语》与算盘"作标题，以我所理解的《论语》的"仁义礼智信""温良恭俭让"十字为关键词，聚焦反映当下日本人在"义"与"利"面前的所思所想、所作所为的素材，制作一部十集系列纪录片！当时又正巧传来 2020 年 4 月习近平主席访日的消息。"天时，地利，人和"，躬逢佳时，同期播出，为新时期加强中日两国的友好关系添砖加瓦，岂非好事一桩？

"点子很重要，还要'五子登科'。"这句话是我1984 年进电视台工作后，在一次中日卫星传送节目筹备会上听龚学平台长说的。哪"五子"呢？"就是点子、银子、班子、台子和面子——策划点子、拉到资金、搭好班子、找准平台，取得成绩。"对卫星传送一无所知的我，只能把唯一听懂的"五子登科"，记录在《工作手册》的首页。翻看自己三十多年的电视生涯"备忘录"，唯独这"五子登科"，竟鬼使神差地既成了我作为一个"策划人"事半功倍、办事靠谱的思考指南，又成了我判断他人的想法是否可行的衡量标准。这回，又派上用场了。从点子、开场白到拉资金、搭班子，五子登科，一应俱全，甚至连纪录片的结束语，都写好了——"《论语》算盘、道德经济，其实就是我们常说的'厚德载物'。我想，这不仅是中日两国可以深入交流的一个相同话题，也是中日两国贡献给全世界的一个共同价值，不是吗？日元最大面值一万元纸币的头像，将由涩泽荣一取代思想家福泽谕吉，是日本遇上了麻烦，有了新的想法？还是温故而知新，有了新的方向？"

"事父母，能竭其力；事君，能致其身；与朋友交，言而有信。"电视采访，最难的就是约人。比如那位 80 岁的日本"超级志愿者"尾畠春夫，他老人家做好事无欲无求、拒绝邀功请赏，讨厌显摆表露，一听说是电视采访就直接把你电话给挂了。还有被称为"巧虎之父"的、把工业废岛变成艺术直岛的教育养老产业创始人倍乐生总裁福武总一郎，特地从定居地新西兰飞来上海接受我的采访。他们的配合，到底是源于彼此共识的价值认同，还是我的"论语算盘"打得好？从节目筹备到实地采访，各个环节，一谈就通，一拍即合。有人惊问，

《论语》与日本有什么关系？涩泽荣一又是谁？日本同行都惊叹，连日本的电视台都没动静，更换头像要等到2024年，你已操机开拍啦？"念起即吉"，雷厉风行，全程仅用了半年不到的时间，三十分钟一集的八集前期采访，都拍好了。事情进展得如此顺风顺水，我简直无法不去想：莫非天助我也，确有贵人相助？

2019年底，陪同龚学平拜访了他任台长时缔结友好台的读卖电视台。青山社长的秘书——如今已是二把手的川畑专务恭候相迎，热情接待。老友重逢，格外亲切。谈笑间，龚学平随口一句话，吴四海在拍摄纪录片《论语与算盘》。"什么？这不可能吧！"川畑专务的过度否定，即刻把我"速冻"，呼吸困难。继而，他又语气舒缓地说："让我想想，青山社长生前曾交代我，说有本书要给你的。"青山先生嗜书如命，当年已给了我很多书，这一本是什么呢？三十年前邀请我到日本进修，也许他就是希望我能成为一个读懂日本的人。当我把视线从身旁的龚学平移向川畑，只见他诡秘一笑："好像与《论语》有关，回头让我找找。"待我回沪后不久，他就派人把书送来了。双手接来一看，包装纸上青山先生的笔迹，见字如面，我视线模糊了——在日进修期间，我与青山先生在他家把酒论《论语》、谈笑说唐诗的温馨画面，一幕幕地又浮现在眼前。再打开包装纸定神一看：涩泽荣一著《论语讲义》！啊，这是天意？还是巧合？瞬间，三十年来时常想起的问题，似乎以这样的方式回答了我。这是青山和龚学平在《论语》笔谈时心心相印、心照不宣的默契？还是我心灵感应般的心领神会？老先生此举仿佛就是为了让我拍摄纪录片《论语与算盘》，并把原作译成中文，而我竟也就在"天意"中不知不觉为此准备了三十年——"青山依旧在，几度夕阳红"！

　　一部《论语》，与其说是与青山先生交往三十年的原点，倒不如说是中日两国文化交流源远流长的千古经典。从着手策划纪录片到采访拍摄、后期编辑和此书的翻译工作，其美妙的过程又何尝不是一次对"《论语》算盘"的最好诠释和完美实践？这本《论语与算盘》给我最深切的体会，是涩泽荣一把《论语》在社会生活的各个方面作了天才而又实用、富于现实感的论述。把《论语》用到点上、用到极致，非涩泽荣一莫属。

　　感谢我的老领导龚学平一口应允挥毫题书片名、书名；感谢在 NHK 做电视广播同传的我大学同学陈祖蓓二话没说接手翻译，感谢我家内王连清三番五次精修封面（她在外一贯给我面子）；感谢日本问题专家吴寄南的指教，感谢纪实人文频道总监李逸的指导，感谢纪录片名导王韧、徐冠群的大力帮助；感谢上海交大出版社编辑赵斌玮、樊诗颖两位尽善尽美的指正。

本稿付梓时，正遇上新型冠状病毒横行肆虐、举国上下共克时艰的关键时期。世界各国都给予了我国武汉大量的物资援助，但其中最让中国人动容动情的，是来自日本汉语水平考试事务局的问候。不是因为口罩有多少，而是纸板箱上写的一行小字："山川异域，风月同天"。虽然字句短小，却意味深长，引起同理心的共鸣、共振。鉴真东渡，带去佛法，引来日本长屋王回赠唐朝高僧袈裟的千年佳话。一千五百年前中国用汉字哺育了日本的文字和文学，一百五十年前日本又用"日造汉词"反哺——回馈和丰富充实了中国的现代人文社科用语。世界上没有另外两个国家像中日一样，看似言语不通，却共享着汉字美妙内涵，并相互学习、取长补短。患难见真情，"德不孤，必有邻"，"以德报德、死守善道"——《论语》，再一次验证了中日两国文化一脉相承、心心相印的深远内涵。

山川异域，风月同天。论语流长，中日心缘！

是为序！

吴四海

2020 年立春

10

目录

第三章
常识与习惯

第一章
处世与信条

《论语》与算盘，看似远实相近

即使今天，当我们讲到道德时，孔子弟子记录孔子言行的《论语》仍然是一部最好的道德教科书。对于这一点，相信凡是读过《论语》的人都能理解。只是当我将《论语》和算盘相提并论时，很多人认为这完全是两不般配、毫不相干的东西。但我始终坚持自己的观点：

"算盘，因为有了《论语》，才能打得更好；《论语》决定算盘，财富才有意义。两者看似相去甚远，实则相距甚近。"

我70岁时，一个朋友送给我一张画①，画上由前

① 译者注：这张画其实显示了涩泽荣一的生涯，做武士、游览欧洲、走上仕途、投身工商界，并把《论语》作为经商之道。画上有画家的题字："以《论语》为基础经营商事，执算盘说士道，非常之人，非常之事，非常之功。"

及后画着线装本《论语》、算盘、高筒礼帽和一柄日本刀。有一天，大学者三岛毅先生来我家，看了这幅画后，打趣地说："太妙了，我是研究《论语》的人，而你是专门打算盘的人，既然现在这个专门打算盘的人都已经开始大声谈起《论语》来了，那我这个研究《论语》的人也得好好研究一下算盘了。让我们一起努力，

日本明治时代的油画家小山正太郎所画，现由涩泽史料馆收藏。

把这两样东西结合在一起吧。"

三岛先生后来还真的专门就《论语》和算盘的关系写了一篇文章，他在文中列举了很多证据，来说明理论、事实和利益这三者必定是一致的。

我一直都认为，一个人想要获得财富，就必须抱着强烈的上进心和欲望去从事经济活动，否则是不会成功的。那些只会高谈阔论、华而不实的人，最终很难有什么作为。所以，我希望政界和军部的人少摆架子，而实业界能再多一点实力。所谓实业，就是要让更多的人能享受物质。民富了，国家才会富强。要使国家富强，其根源就在于社会的基本道德，这是创造财富的最基本的东西。只有如此，才能使我们的财富永续下去。

因此，当务之急就是要缩小《论语》和算盘的距离，把两者更加紧密地结合起来。

士魂商才

平安时期的贵族菅原道真①曾提出"和魂汉才"，

---

① 译者注：菅原道真（845—903），日本平安时代中期公卿，学者。曾被任命为遣唐使，但由于当时唐朝形势复杂、渡海艰险，故未成行。901 年因遭左大臣藤原时平谗言，被贬为大宰权帅，调往僻远之地。不久后死于贬所。

意思是：真正的人才应该同时具有日本独有的大和民族之魂和来自中国的文化学问。我就在这里模仿他，提出"士魂商才"的概念，即真正的商人应该同时具有武士精神和经商才能。

中国历史悠久、文化先进，尤其有像孔子、孟子这样的圣人贤者，在政治、文学及其他方面都比日本发达，所以日本人必须学习古代中国的文化、学术，以培养自己的才能。

中国古代关于文化、学术的书籍很多，但多以记载孔子言行的《论语》为中心。此外还有记述尧舜禹汤文武成王周公之道的《尚书》《诗经》《周礼》《仪礼》等书，据传全是孔子所编撰的，所以，所谓汉学，实乃孔子之学。

《论语》是一部记载孔子言行的书籍，据说是菅原道真最爱读的一本书。相传在应神天皇时代，百济的王仁①所献的《论语》和《千字文》传于朝廷。菅原亲自用笔将它抄录下来之后，呈献给伊势神宫②。这就是现

---

① 译者注：百济国（现韩国）儒教家。传说应神天皇（公元290—310年在位）时从百济国前往日本，携来《论语》十卷和《千字文》一卷，被认为是日本接触汉字、汉籍之始。

② 位于日本三重县伊势市。创建于690年，一直被视为是日本人的精神支柱。明治政府将其地位定于国家神道顶点之神社，使其政治意义更加突出。第二次世界大战以后，被定为全国神社之本宗。20世纪60年代以后，历代日本首相于1月4日开工之时参拜，已成惯例。

在还保存着的菅原本《论语》。

我认为，一个人想要自立，就必须要有武士的精神，但是光有武士的精神而没有"商才"，那也成为不了成功的商人，因此"士魂"和"商才"，缺一不可。

那又该如何培养所谓的"士魂"呢？我们常说"书中自有黄金屋"，但是黄金屋里的书太多，也是一件麻烦的事情。因此，如果只选一本的话，首先当推《论语》，我认为，这才是培养"士魂"的土壤——教科书。至于培养"商才"方面，《论语》也同样是不二的选择。

乍一看，一本关于道德的书跟商才好像是风马牛不相及，但是，我们应该知道，商才也是以道德为本的。不讲道德、泛泛自夸的生意经，绝对称不上是商才。这种商才充其量不过是浑水摸鱼、耍小聪明而已。因此，如果承认商才离不开道德，那么论述道德的《论语》就是一本培养商才的最好的教科书。

要想在这个你死我活的世界站稳脚跟，就必须吃透《论语》的精神，要相信它定会给你带来很多生存的启迪。因此，我一生都崇拜孔子，相信他说的每句话，并把《论语》当成人生的金科玉律。

日本也有很多值得崇拜的英雄人物，其中最值得一提的是德川家康①。他既能打仗，又会处世。凭着对人生深刻的洞察力，他留下了至今也很有用的"训言"，使德川家的将军地位和平地延续了 15 代，在长达 200 多年里，老百姓也都过着高枕无忧的生活。

德川家康写过一本类似"家训"的名作，还起了一个很大气的书名：《神君遗训》。我曾经把《神君遗训》和《论语》做过比较，发现它们竟然有着许多惊人的相似之处。例如：

《神君遗训》："人生，如负重行远。"

《论语》："士不可以不弘毅，任重而道远。仁以为己任，不亦重乎？死而后已，不亦远乎？"

《神君遗训》："责人莫如责己。"

《论语》："己欲立而立人，己欲达而达人。"

《神君遗训》："不及胜于过。"

《论语》："过犹不及。"

《神君遗训》："克制和忍耐乃长久平安之基，愤怒则为人生之大敌。"

《论语》："克己复礼为仁。"

---

① 译者注：德川家康（1543—1616），江户时代的第一代将军。关于他的生平已有很多书籍，本书中也将多次提及，敬请参阅。

《神君遗训》中还有其他类似的教诲，比如："人当有自知之明，草叶上的露水，重则落""以不自由为常事，则不觉不足。心生欲望时，应回过头想想以前贫穷的日子""只知胜而不知败，必害其身"。

这类说法都能从《论语》中找到出处。由此可见，德川家之所以能持续两百多年，很大一部分都要归功于《论语》的教导。

很多人认为，汉学教的肯定是禅让讨伐，与日本的国体不合。这是只知其一而不知其二，《论语》中有："子谓《韶》：'尽美矣，又尽善也。'谓《武》：'尽美矣，未尽善也。'"韶乐是称赞尧舜的音乐，尧欣赏舜之德而让位，因此歌颂尧舜的音乐是尽善尽美的。武乐是歌唱武王之事，纵然武王有德，但他用武力发起革命，夺得天下，所以评价武王的音乐是"未尽善"的。从这里可以充分看出，孔子并不认为革命是理想的手段。但凡评论一个人，必须仔细考虑其所处的时代背景。孔子是东周时代的人，自然不能露骨地批评周朝的缺点，只能婉转地表示，虽已尽美，但未能尽善。

只是一般人在谈论孔子的学问时，往往停留在字面上的理解，而不是去挖掘孔子思想的深层和内涵。因此，我认为，如果想在这个社会站稳脚跟、获得成功，那就必须学好《论语》。最近，西方的东西开始进入日本社会，其中不乏新的思想，但在我看来，它们其实与一些古老的学说有着异曲同工之处，只是措辞新颖一些而已。因此，我们要尝试接受西方新的东西，但也不能把东方的传统文化撇在脑后。

天不罚人

孔子曾说，"获罪于天，无所祷也"，这里的"天"是指什么呢？我认为，这个天就是天命的意思，我相信，孔夫子也是指的这个意思。

人生在世，如何活着，做什么工作，都是天命。草木有草木的天命，鸟兽有鸟兽的天命，人也有人的天命。一样是人，有的人卖酒，有的人却卖饼。这种天命是上苍安排好的，无论你是什么圣人贤者，都得服从天命的安排。就算是尧，也无法让其子丹朱继承帝位；舜也不能让太子商均继承帝位。这些都是天命使然，非人力所能改变。草木始终是草木，不会变成鸟兽，而鸟兽也无法变成草木，这就是天命。人之所以为人，同样也是天命。

孔子在《论语·阳货》中指出："天何言哉？四时行焉，百物生焉，天何言哉？"孟子也在《万章·章句》中提到，"天不言，以行与事示之而已矣"。意思是说，如果人想要做非分的事情，或者勉强自己去做什么，虽然可能获罪于天，但是天并不会开口说要怎么惩罚人，而是通过周围的变化来使其痛苦不堪，这就是所谓的"天罚"。

就算你想尽一切方法逃离上天的安排——"天罚"，但最终也只会是徒劳。正如万物随着四季交替而变化、生长，但不能违背自然规律一样，人也是不能违背天命的。孔子说的"获罪于天"，就是这个道理。若违背自然规律，想要挣脱天命，那就必定遭到报应，只能落得个"无所祷也"的结局，没有神可保护你。

《中庸》的开篇说："天命之谓性"，说的也是这个道理。因果报应，循环往复，都是天命。人只有顺应天命，遵循自然规律，不做问心有愧的事，才能像孔子那样，充满信心地说："天生德于予，桓魋其如予何？"（上天把品德赋予了我，桓魋又能把我怎样呢？）

如何判断一个人

佐藤一斋先生（1772—1859，江户时代的著名儒学者）认为，用初次见面时的第一印象来判断一个人，是最准确的。他的著作《言志录》里有这样一句话："第一次见面时的印象，多半无误。"

我认为，一斋先生说得很有道理，大家都要相信自己的第一感觉。和一个人交往得越多，你对他的判断也就会有太多的信息，从而出错的概率也就越高；而初次见面时，因为不带任何感情因素或偏见，就算对方有伪装的痕迹，也能识别。

古代先哲孟子的观察方法则是看人的眼睛，他在《孟子·离娄上》中说："存乎人者，莫良于眸子。眸子不能掩其恶。胸中正，则眸子了焉；胸中不正，则眸子眊焉。"孟子认为，一个人要是心术不正的话，他的眼神就会游离不定；而一个心地善良的人，他的眼睛就会和蔼清澈，这种判断人的方法也是相当准确的。只要细心地观察一个人的眼睛，就能大体上知道他是正是邪、是善是恶。

《论语·为政》中也说："子曰：视其所以，观其所由，察其所安，人焉廋哉?"对别人的第一印象，斋藤先生用观察法，孟子提倡看人的眼睛，这些都是很简单的方法，而且大致也不会错，然而要真正去认识这个人物，或者说想真正去了解这个人，这两种方法还是不够的。这里就需要孔子的方法，即上述的"视""观""察"。

"视"和"观"，虽都是"看"的意思，但"视"只是单凭肉眼看其外形，而"观"则更进一步，不仅看外表，还要看其内在；不但要用肉眼看，还要打开心眼去看。也就是说，孔子在《论语》中所教导的人物观察法，首先是从一个人表现在外的行为来判断其善恶正邪，进而是仔细观察他的行为动机，然后再是进一步观察他的用心所在，在生活上追求的是什么，这样，才能看出他的真实人品，即使他想掩盖也掩盖不了。

无论一个人的外在行为表现得如何正直，假如其心术不正，就绝不能说他是一个正直的人，这只是因为他有时可能有意不做坏事而已。又假如一个人所呈现的行为也善良，心术也纯正，但其追求的却只是安逸享乐的生活，那他则很容易陷入诱惑之中而意外地做出坏事。所以，行为、动机和追求三者不能全部正当的话，就很难说这个人完完全全、自始至终是个正直的人。

《论语》适合所有的人

我在 33 岁那年辞去官职，开始在商界做一个追梦人，并和《论语》结下了不解之缘。决定经商的时候，我对自己说："今后，我必须凭自己的力气吃饭，并要在这个社会生存下去，我应该有个志向目标。"于是，我想起了以前学过的《论语》。我在《论语》中学到了修身养性的同时，也学到了处世的原则，因此，我决定把《论语》的教诲用到自己的商业活动中去。

当时，我在官场有个好朋友，名为玉乃世履（1825—1886），后来还当过日本最高法院院长，写得一手好字，文章也作得漂亮，而且工作严谨认真。我们俩几乎同时升官，还曾开过玩笑，说日后要一起当大臣，所以对我突然辞官从商，他是最不能接受的人，还特地跑来劝我不要走。那时我正担任井上馨①先生的助手，他因为在官僚制度问题上和政府意见不同，常常发生争执，最后愤然退出了政界，而我辞职也恰好是同时，因而被看成是追随他离职的。其实，我虽然赞成井上先生的想法，但辞职的原因却不同。

当时的日本正处在完善近代社会政治、教育体制的过程中，对商业却毫无关心。但是，没有经济振兴，国家的发展也无从说起。所以，我认为，要让日本富裕起来，当务之急就是要振兴商业。

当时的日本社会还有"经商无需学问"的观念，说什么"有了学问，反而有害""富不过三代""第三代是败家子"等。我对此非常反感，下决心拼搏一

---

① 译者注：井上馨（1836—1915），曾历任外务大臣、商务大臣，是日本近代史上重要人物之一。

下，非要用学到的知识来经商赚钱。就这样，我成了商人。

对我这个突如其来的举动，我的朋友都表示难以理解。因此，他们都推断，我是因为在政府机关犯了错误，所以不得不辞职。还有人对我说："你前程远大，不久的将来就能当上大臣，这也是为国家做贡献。为什么偏偏要投身到一个充满铜臭味的世界里去呢？"

对于这些朋友的想法，我用《论语》进行了反驳。宋朝初期的著名宰相赵普曾说："半部《论语》，治天下；半部《论语》，修自身。"① 我反驳时引用了这句话，并说："我将用一生来实践《论语》的思想。为什么一说到钱，大家就这么不屑一顾？贬低金钱，国家能富强吗？好像当官才是有尊严的事情，官尊民卑，这是错的！最值得尊敬的人应该是勤勤恳恳地做好自己本分事的人。"最后，连好朋友玉乃都被我说服了。1873 年 5 月，我辞掉了官职，开始经商。

从此，我更加努力地学习《论语》，还去拜当时的大学者中村敬宇和信夫恕轩为师，因为大家都很忙，学习没有坚持到最后，但还是受益匪浅。后来，为了孩子

———————————

① 译者注：根据当代学界研究，赵普未曾说过此话，或为误传。但此处保留原作内容。

们学习，我还请宇野哲人①先生来家里上课，自己也跟着一起学，还提问题，并对前人的解释提出自己的看法，跟老师讨论，非常有趣。宇野先生的教学方法就是逐章讲解，让大家一起思考，等到大家都真正明白之后再往下讲。虽然进度很慢，但却真正学到了东西，孩子们也都很高兴。

《论语》其实并没有我们想象中那么高不可攀，也不是只有满腹经纶的学者才看得懂的东西。《论语》本来是很好懂的，孔子本人也是一位很谦虚的老师，他自己也经常向农民请教问题，所以，古代中国把《论语》当作启蒙书是有道理的。也就是说，《论语》里的道理是可以用在我们生活中的任何一处的。

由于《论语》被那些所谓的大学者们解释得复杂起来，所以就被看作是一部很高大上的作品，农民、商人都没有资格去阅读。这样的学者，说白了，就好像大楼前那个对什么都看不顺眼的看门人，有这样的看门人，你根本就见不到孔子本人。但是，我相信，孔子绝不是一个拒人千里之外的老夫子，他一定是个通情达理

---

① 译者注：宇野哲人（1875—1974），儒学家，也是东洋学问的开拓人。曾任东京大学名誉教授。历任东方文化学院院长、实践女子大学校长等。他也是当今令和天皇的名字"德仁"的命名者。其后人也多为汉学者。

的老师，不管你是农民也好，商人也好，他一定都会见所有的人，并予以指导的。因为孔子讲的都是实用的东西，讲的都是你身边的事情。

等待时机

根据我的经验，一个人年轻的时候，要是总是在想着如何逃避斗争的话，就会养成一种劣根性，不会有助于进步和成长。要让社会进步与发展，斗争、反抗是必不可少的。但是，在斗争与反抗的同时，也应该耐心地等待时机的到来。

我活到今天，当然也有过很多的斗争经历，但在人生已过半之时，也多多少少悟出了一点道理，现在我已经很少与人冲突了。正所谓种瓜得瓜，种豆得豆，很多事情的因果都是已经注定了的，如果贸然地想要去改变这一局势，结果必然是徒劳的。大家一定要记住：我们无法用一己之力去改变事态的发展，但可以耐心地等待时机的到来，这才是上策。

所以，我要规劝年轻的朋友们，遇事除了要努力争取以外，还要同时学会克制。对于不讲道理、歪曲是非的人，对于践踏信用的人，必须抗争到底。但是，同时千万不能忘记，时机一定也会到来。切记，学会克制与忍耐，也是很重要的。

我对今天的日本社会，并不是没有想要抗争的时候，尤其是官尊民卑的现象，弊大于利。只要是当官的，就好像做什么都是对的，就算是犯了错误被告到法庭，虽然有些人会被迫辞职隐退；但对大部分的人，大家大多是睁一只眼闭一只眼就过去了，因此受到法律制裁的人是极少的。

总而言之，在今天的日本，一方面，当官的可以为所欲为，似乎成了一个潜规则。另一方面，老百姓只要稍稍有点过失，马上就会受到严厉的惩罚。如果所有的违法行为都是惩罚的对象，那么就不应该有这种歧视性区别对待，应该就事论事，一视同仁。

另一方面，老百姓就算为国家做了再大的贡献，也不会得到认可；而那些当官的，一点点微不足道的成绩，就能得到极大的奖赏。这是我想要通过自己的抗争去改变的地方，但是只凭我一个人的力量是肯定不会带来翻天覆地的变化的，时机未到，就算是做了也只能算是无用功。因此，我只是在感到不满时发发牢骚，但如果时机到来的话，我必定会去付诸行动的。

人人平等

居于高位之人常常挂在嘴边的一句话就是：量才适

用。但是，说起来容易做起来难。有些人借用这个词，把自己欣赏的人安插在对自己有利的职位，以此来扩大自己的势力，巩固自己的地盘，实现自己的野心。这虽然也可叫作"量才适用"，但说白了，只不过是在拉派结党。现在，政界或商界都有这种现象，不足为怪，可是，这绝不是我要学的。

纵观古今，在日本的历史上，恐怕很难找出像德川家康那样能将量才适用和以权谋私巧妙地掺和起来，发挥到极致，并让自己的权势和威望都达到顶峰的人。

德川家康的大本营在江户（现东京一带），为了加强江户地区的警备，他在所有重要关口都安排了对德川家忠心耿耿的家臣。

在重要关口箱根，他把大久保忠邻派去当相模守①，驻扎在小田原。在更重要的地方，他用的都是自己人，即所谓御三家②：水户家守东国（现茨城县）；尾张家守东海地方（从京都到东京的沿路地区）；纪州家则从纪伊和伊势（现和歌山县和三重县）监视大阪方面。又把自己的亲信井伊直政安插在彦根（现滋贺县），让他来守护当时住在京都的天皇。他的这个做法，实在高明至极。这样一来，几乎整个日本的重要地

---

① 译者注：相当于现神奈川县一带的驻军司令。
② 译者注：所谓御三家都是跟德川家有血缘或姻缘关系的人。

方都有他的心腹在把守，而别的诸侯则没有动弹的余地，因而也得以成就德川家近三百年的霸业。

我不想评价他的这一做法是否符合日本传统的体制，但是，仅从他运用人才这一手段，就可以看出无人能出其右。在日本历史上，也堪称绝无仅有。

我曾经很用心地学习过他用人的智慧，在如何量才适用上，他着实下了很大的功夫。当然，我的目的与他截然不同，而且我对自己身边的人也都是真心实意、平等相待的。把人当成实现自己野心的工具，是我绝对不会去做的事。我最大的理想是要让手下的人都能人尽其才。

一个人能在适合自己的岗位上发挥自己的能力，也是在对国家、对社会做贡献，这也是我涩泽荣一最终想实现的目的。

我以这样的信念，等待人才的出现。我绝不会利用权术糟蹋人才，或将他人玩弄于股掌之间。每个人都应该有自己活动的自由，如果觉得在我涩泽这里不能施展你的才华，那么你可以跟我分道扬镳，另辟蹊径。海阔凭鱼跃，天高任鸟飞。无论在哪里，我都希望能物尽其用，人尽其才，希望有才能的人在合适的岗位上发挥自己最大的光芒。

也许有人会因为我较其略胜一筹而对我低下头，但我也绝不会因此而小看他，因为这只不过是经验不够的问题。人，生来是平等的，而且这种平等让人保有节制，相互礼让。

也许有人会认为我涩泽是个讲道德的人，那么我也会把你看作是个讲道德的人。因为，这是个你帮我、我帮你的社会，要学会投桃报李。不满足于自己，也不小看他人，相互信赖，相互平等，这是我的原则。

与人相争，孰好孰坏？

有人认为，无论在什么样的情况下，都不应该与人相争。《圣经》中甚至教育信徒，若有人打了你的右脸，你就应该把你的左脸也转过去让他打。

与人相争，是不是真的对我们人生有益？抑或也有可能不利？对于这一问题的看法，公说公有理，婆说婆有理，各有各的道理。

我个人的观点是，斗争不应该完全被禁止，在某些情况下，斗争还是非常有必要的。在社会上，有些人说我太圆滑了。其实这是一种误解，我只是不喜欢做无谓的斗争，但也从来没有把绝对避免斗争作为我的处世原则。

《孟子·告子下》中说："出则无敌国外患者，国恒亡。"从大的方面来说，一个国家如果想要全面健康地发展，那么就必须在工业、商业、文化、技术以及外交等各个领域与外国竞争，并要抱着必胜的信念。从小的方面来说，一个人如果没有足够的竞争意识，那是很难取得成就的，就算侥幸取得了成就，持续的时间也不会太长。我认为，中国人常说的"居安思危"就是这个意思。

对一个晚辈来说，有两种前辈：一种是温和型的，无论什么时候，他们从来不会对晚辈加以怒斥，或动不动就欺负。他们始终都如徐徐和风那样保护晚辈，进行谆谆教诲，甚至帮晚辈补救做错的事。这样的前辈自然会受到晚辈的爱戴和敬仰。可是这样的教育方式到底是好是坏，却有待我们进一步讨论。

而另一种人，则正好与之相反，是属于野蛮型的。这种前辈几乎把晚辈当成了上辈子的仇敌，稍有一点失误，就会大发雷霆，严词训斥，一点情面都不留。这样的前辈往往没能在晚辈心里留下个好名声，却让他们记一辈子的仇。可是，这样的教育方式果真就不能带来一丁点的好处吗？这点也值得青年朋友们去认真思考。

对一个有很多缺点、做错了事的晚辈，做前辈的却极力去保护他，为他擦屁股，这也是人之常情，是可以理解的。可是如果除了一味庇护以外，什么都不再说、不去做的话，那样对晚辈就真的好吗？举一个极端的例子来说，试想一个人，每次犯了错，总会有个人既不责备他也不教育他，还热心地为他收拾残局，久而久之，他是不是就会养成一种不负责任、骄傲浮躁的性格呢？我们应该记住：过分溺爱，是会消磨一个人的意志的。

如果你恰恰遇到的是第二种前辈，那么，你就会在任何时刻都不敢有所怠慢，会谨言慎行，凡事都会尽量小心仔细，尽可能地不让作为上司的前辈来跟自己"过不去"。

"别让那人来找我的茬！"当眼前有一个爱挑剌的前辈，动不动还会把你骂得个狗血淋头，甚至连祖宗三代都被骂到，这时作为一个后辈，如果并不想让祖宗也背上黑锅，于是便要争这口气！这种想法所带来的行为，久而久之就变成了一种习惯，使你在不知不觉中变成一个严于律己的人，不会去做错事。

男子汉的试金石

真正的逆境究竟指的是什么呢？我举个例子来说明一下，相信大家就会明白了。

通常情况下，我们的国家是国泰民安、和平安宁的，但是就好比平静的水面也会泛起波纹，白云轻浮的天空也会起风一样，即使在和平的年代，也会发生革命运动或出现动乱。与社会的和平安宁相比，这样的革命和动乱就是逆境。

如果把生在或处在一个动乱时代的人称之为不幸者的话，那么我也是这千千万万不幸者中的一分子，因为我出生在江户时代，长在明治时代，时代的变迁一直影响着我的人生。

回首往昔，身处一个变革动乱的时代，无论你多么聪明，多么有能力，或者多么热爱学习，你的境遇也会在朝夕之间发生翻天覆地的变化。可能一觉醒来，你就已经从高官沦为阶下囚，也有可能由无名小卒突然变成声名显赫的大人物。总之，在那样的时代，一切皆有可能，没人能看清自己前面的路到底是对是错。

事实上，最初，我支持尊王讨幕①、攘夷锁港②，并为此东奔西走，可后来却成了一桥家③的家臣，在幕府当了官，还奉命跟着德川昭武④一起去法国参加巴黎世博会。等到回国的时候，日本已经改朝换代，幕府垮台，国家变成了君主体制。

---

① 译者注：意为拥护天皇，讨伐幕府。
② 译者注：意为打退外国侵略者，闭门锁国。
③ 译者注：德川家的嫡系。
④ 译者注：德川昭武（1853—1910），第15代将军德川庆喜的弟弟。本书中多次提及此人。

面对这种时代的变局，我一方面感到自己心有余而力不足，可另一方面，在学习上我已经尽了自己最大的努力，也没有什么特别的遗憾。尽管如此，突然要面对一个体制和社会完全变了的环境，我真的感到无从适应，体会到了什么叫身处逆境。

对于过去在逆境中发生过的事情，我至今仍记忆犹新。我相信，与我有同样感受的人不在少数。不过，这毕竟是社会变局的大风大浪，人一生也难得碰到几次。然而，我们无法预测的小风小浪就数不胜数，危险也更为无处不在，可以说，大部分的逆境都是这种情况。这时，你就应该要好好想想，它到底是人为的，还是自然的。要认真分析，区别对待，从而寻找好的对策。

我认为，自然的逆境才是男子汉的试金石。那么身处自然逆境时，我们应该如何应对呢？我不是神，所以关于这点，我没有什么秘诀可以传授给大家。而且，我想，这样的秘诀也是不存在的。

依我的经验，唯一能告诉大家的就是，当我身处逆境以后，就尝试着做了很多事情，然后边做边思考：哪里是对的，哪里才是出路，等等。最后，我发现，如果你身处逆境的话，首先要想到这句话：

"要知足，先要做好自己本分内的事情（即担负起自己应尽的社会责任）。"

我觉得，这是有思想准备的唯一的办法。也就是说，用知足的心态对自己的现状表示满足，做好自己能做的事，以不变应万变。

"无论你怎么苦恼，结果呢，还是天命，是命运早就注定了的事情。"

如果你能这么想的话，那么无论处境多么困难，就都能保持平常心了。如果你把自然的逆境看作是别人造成的，怪罪于人，并企图凭自己的能力去解决问题，那么只会带来多余的痛苦，自寻烦恼浪费时间。最后，在逆境中疲惫不堪，陷入不能自拔的境地，连明天该怎么办都无法应付。因此，面对自然产生的逆境，一方面要服从天命，等待时机的到来；另一方面又要勤奋学习，绝不放弃。

如果你真的碰到了人为的逆境的话，该怎么办呢？首先你要清楚，这种逆境是你自己造成的，所以要做深刻的自我反省，并加以改正。在这个社会上，有很多事情都是你自己选择的结果，事在人为，说的就是这个道理。是你自己在想"我要这么做""我要那么做"，所以，事情的结果就是你选择的结果。

有很多人明明是可以生活得更幸福的，却不去好好追求，而是一开始就不切实际地胡思乱想，让自己越来越远离幸福，甚至招来逆境。这样的人与幸福是没有缘分的。

量力而行

时至今日，我一直都以"忠恕"（《论语·里仁》）这个儒家的道德规范作为自己的处世方针。古代中国的思想认为，"忠"是尽心为人；"恕"是推己及人。所以，"忠恕"是一种显示良心的、有人文关怀的思想，我一直以这两个字为人生的标准。

古往今来，宗教家、道德家中硕学鸿儒辈出，他们传道立法都以修身养性为中心。所谓"修身"，就是指要磨炼自己。磨炼自己，可能有点高深，用个简单的比方，我们平时拿筷子放筷子的时候，都有"修身"的含义，都是对自己的磨炼。因此，不仅对家里人也好，对客人也好，或者独自阅读一封信也好，我都会抱着诚意去做。

《论语·乡党》里有段话是这样说的："入公门，鞠躬如也，如不容。立不中门，行不履阈。过位，色勃如也，足躩如也，其言似不足者。摄齐升堂，鞠躬如也，屏气似不息者。出，降一等，逞颜色，怡怡如也。没阶，趋进，翼如也。复其位，踧踖如也。"

意思是，孔子走进朝堂的门时，态度谨慎而紧张，好像没有他的容身之地的样子。站，不站在门的中间；

25

走，不去踩门槛。经过君主的座位时，即使君主不在，面色也会庄重起来，脚步也快，言语也好像中气不足。提起衣服下摆向堂上走时，也是一副恭敬谨慎的样子，静息憋气。但退出宫殿，走下台阶后，脸部便舒展开了，怡然自得的样子。走完台阶，快快地向前走几步，好像鸟儿舒展翅膀。再回到自己的位置上，则又是恭敬而不安的样子。

《论语·乡党》里还谈到了食物，"食不厌精，脍不厌细。食饐而餲，鱼馁而肉败，不食。色恶，不食。臭恶，不食。失饪，不食。不时，不食。割不正，不食。不得其酱，不食"。

意思是，粮食不嫌舂得过精，鱼和肉不嫌切得过细。粮食霉烂变味了，鱼和肉腐烂了，都不吃。食物的颜色变了，不吃。气味变了，不吃。烹调不当，不吃。不是时令的东西，不吃。肉切得不方正，不吃。佐料放得不适当，不吃。

这些都是我们身边的小事，而所谓的道德和伦理也都是我们身边的事情。当你开始注意自己怎么拿起筷子，又怎么放下筷子，你就会知道什么叫"知己"，即知道自己。

社会上，总有一些人不掂掂自己的分量，以为自己什么都行，不切实际地想入非非，结果只会栽大跟头。

俗话说，"有多大的头就戴多大的帽"，连螃蟹都知道自己挖的洞应该要和自己的壳一般大，更何况是我们人呢！所以，我一直注意提醒自己，要"在涩泽力所能及的范围内做事"。

大约 10 年前，曾经有人劝我出任大藏大臣①和日本银行的总裁，都被我谢绝了。因为我清楚地认识到，既然已经在实业界给自己挖了一个适合自己的洞穴，就没必要爬出这个洞穴了。

孔子说过"以进则进，以止则止，以退则退"之类的话。实际上，人如何决定自己的出入进退，是非常重要的。如果只是一味安于本分，满足于现状，而不去尝试做新的事情，那也是有问题的。因此，古人早就说过，"事业不成功，死也不还乡""成大事者不拘小节""君子一言，驷马难追"等。

这些格言很励志、很重要，一方面教导我们要为自己的行为负责，另一方面也提醒我们要恪守自己的本分。孔子说"从心所欲不逾矩"（《论语·为政》），我认为，他是想说，人要在安于本分的前提下不断进取，而平衡好这两方面，极为重要。

另外，我最想提醒年轻朋友的就是，要管控好自

---

① 译者注：相当于今天的财政部部长。

己的情绪。喜怒哀乐，人之常情。人在处世的时候难免会发生情绪失控的状况，这不是年轻人才会有的。所以，希望大家都记住，很多错误是由情绪失控所引起的。

孔子说："《关雎》，乐而不淫，哀而不伤。"（《论语·八佾》）这是告诫我们，调节好喜怒哀乐的平衡是非常重要的。我们需要饮酒，需要娱乐，但应该以"不淫不伤"为限度。我的原则，一言以蔽之，就是：诚实是所有事情的标准。

面对得意与失意

灾祸往往都发生在人最得意的时候！因为这个时候，人最容易得意忘形，祸害也就有了可乘之机。所以，我们要切记，得意的时候，不要让一时的胜利冲昏了头脑；失意的时候，也不要泄气，要以平常心面对一切不顺心的事。总之一句话："得意时要淡然，失意时要泰然。"保持这种心态，是很重要的。

我认为，应该事无巨细，一视同仁。失意时，尤其要重视所谓的小事。但很多人的想法却往往相反，有很多人面对大事会考虑得比较周全，而对待小事却是不以为然，马马虎虎地应付了事。大事小事一起抓，才能避免遭到太多的失败。

就好像我先前举拿筷子放筷子的例子，若对小事能加以注意的话，那么对大事就会考虑得更加周到。当然，一个人的精力有限，不能做到事事周全，但这里有个主次问题。大事也好，小事也好，都不能只看表面就轻易地做出判断。因为小事完全有可能演变成大事，而大事也能化成小事的。所以，事无大小，都应该从这件事的本质去看问题，分清主次，这样才能更好地去处理。

然而，要说孰重孰轻、孰主孰次，那就因人而异了。一个把自己的得失放在其次的人，他就会把寻求最妥当的解决方法和不危害他人的利益放在首位；一个把自己的得失，也就是个人利益放在首位的人，那他就会把他人的利益得失放在次位，也许就会做出一些伤害他人的事来获得成功；更有甚者，如果完全以自我为中心，那么就会连国家利益都置之不顾了。

人各有志，各人有各人的想法，不能一概而论。如果问我会怎么处理，我会这样回答：首先，我会考虑这件事应该怎么做才算是合乎常理的；其次，如果是合乎常理的，那么进一步思考，做了能否给国家带来什么利益；最后，考虑这么做对自己有什么影响。即使这件事让我无利可图，但只要它合乎常理，对国家有利，我也会义无反顾地去做。

在这里，我还要再强调一下，"成名常在穷苦之日，败事多在得意之时"，这个道理是历史经验告诉我们的。人通常会把困难看作是大事，这时，就会很认真地对待这个问题，那么成功解决后，也能得到名声。你可以发现，那些在社会上被叫作成功者的人背后都有一个克服困难的故事。他们本人也首先会说，"我们战胜了困难！""我们终于从痛苦中解脱出来了！"这也正说明他们是如何一心一意地扑在工作上的。

很多失败其实在本人最得意的时候就已经有了先兆。人在得意时，往往对小事轻描淡写。"这天下还有我不会做的事吗？"这种态度就决定此人终将会失败的命运。小事演变成大事，就是这个道理。

因此，我还要再提醒一下，得意之时，不可忘形，事无巨细，一视同仁。"水户黄门"德川光圀[①]曾在自家的墙上写下了这么一句话："小事须谨慎，大事则不惊。"

---

① 译者注：德川光圀（1628—1701），江户时代水户藩的大名，学者。第一代将军德川家康的孙子。1690 年，他将藩主让给养子德川纲条后隐居并被授予"中纳言"的官位，而这一官位的中文别称为"黄门监"，故而被老百姓亲切地称为"水户黄门"。

夫材有分而用有当，所贵善因时而已耳。

——亢仓子

众人之智，可以测天，兼听独断，惟在一人。

——《说苑》

第二章
立志与学问

保持精神常在

　　美国学者梅比博士（Henry Ciay Mabie，1847—1918）曾经以交换教授的身份在日本逗留过一段时间，他在任期即将结束、回国之前，和我做过一次交流。梅比博士坦率地告诉我，这是他第一次来日本，除了新鲜感以外，印象最深刻的是：日本作为一个新进的国家，无论是哪个阶层的人，都展现了积极向上的一面，一种特有的奋发图强的气质。人人勤奋上进，每天都怀着愉快的心情，对生活和工作都充满了热情和希望，有种不达目的誓不罢休的干劲。

　　不过，他也表示，自己不是一个喜欢阿谀奉承的人，不会只拣好听的话说，所以，他也很诚恳地说出了自己的意见。他首先承认，因为只接触了官场、企业和学校这些地方，所以看法难免会有些片面，可是这些地方都让他有一种感觉，那就是太拘泥于形式。也有可能是因为美国是个不讲究形式的地方，所以这些情况在他眼里也就特别突出。他认为，这种过于注重表面形式的做法有很多弊端，必须加以警惕，不要让这种形式主义成为日本的国民性。

他还说，在欧美国家，出现不同的声音是一件很正常的事情，有人说左，就一定会有人说右；有进步人士时，自然就会有保守派；而且，即使是同一政党，内部也会出现不同的见解。在欧洲和美国，一个持有自己想法的人会得到他人的尊敬，被看作是个品格高尚的人。可是，在日本却恰恰相反，持有自己主见的人往往会被视为不正常，也不值得提倡。说得难听点，这就是个低俗和顽固的人。在日本，经常会见到因为一些小事就破口大骂、大打出手的人，并且这种现象在政界更为常见。

关于这点，梅比博士又有自己独到的解释。他认为，日本在长久的封建统治下，诸侯之间常常是水火不相容，强的一方势必要打弱的一方，而弱的一方又要打比它更弱的一方，逐步形成了大鱼吃小鱼、小鱼吃虾米的习性。

他虽然没有具体说明，但我想他可能指的是日本16世纪元龟、天正年间时的情况，那时的日本被三百个诸侯割据，他们相互仇视，战乱不断。今天日本社会的弊端可以说就是那时遗留下来的。虽然日本人性格中也有很温和的一面，但是在漫长的历史进程中，互相争斗的因子已根深蒂固。虽然现在已开始了议会制度，但党派之间的争斗依然非常激烈，有你死我活的感觉。

对于梅比博士的这个观点，我是深表赞同的，封建社会的余毒的确仍然存在，不信，可以看看离我们最近的一个例子。水户①是个大人物辈出的地方，但正因为大人物互相之间争斗不断，终于使这个地方由强转衰。藤田东湖、户田银次郎、会泽恒藏，还有德川庆喜的弟弟德川昭武，个个都是当地的大人物。但是如果没有他们，也许就不会有派系纷争，也不会让水户最终沦为二流，甚至三流的地方了吧！我对梅比博士的观察佩服至极。

此外，梅比博士对日本国民很容易感情外露这一特征也不是很赞赏。他认为，日本人会为了一丁点的小事而动感情，但这种感情又不能持久，转身就忘了。说得好听点，日本人是容易感动的国民，说得不好听一些，就是一个得了健忘症的民族。这不该是一个号称一流大国的国民应有的素质。换句话说，未来的日本国民还需

① 译者注：现茨城县县府所在地。

要多多加强自身的修养，培养博大的胸怀。

他还谈到了日本人忠君爱国的思想，在这一点上，他是非常赞赏的。他认为，日本国民对天皇的忠诚让他这个美国人刮目相看，因为这在美国是谁都不会去想的事情。虽然在来日本之前，他已经对此有所耳闻，但百闻不如一见。不过，他还是毫不客气地指出，日本如果想要长久保持这种忠君思想，就要避免君权扩张，而是要让君权去接近民生，他认为这是很重要的。对于梅比博士的这番话，我不想做过多的评论，但对他的直言不讳，我表示诚挚的敬意。

虽然这仅是一位美国学者在对日本进行了一个短暂的观察后作的一番感想，不一定会让我们有多大的收获，但是，它山之石可以攻玉，对外国人的看法，只要是客观、公平的，就应该引以为鉴，并作反省，这样，我们才能真正成为有博大胸怀的大国国民。相反，对批评的声音，充耳不闻，那就很难与国际社会进行平等的交流。

司马温公对"君子之道"曾指出"当自不妄语始"。意思就是，任何时候都不要信口开河、胡说八道，否则是得不到别人的尊重的。一次行为，会决定别人对你一生的看法，同样，一个外国人的看法也可能影响一个国家的声誉。梅比博士带着这样的感想回去了，虽然他的感想看似都是小事，但我觉得还是应引起我们的重视。

今天的日本，是大家奋力拼搏的结果，但要想取得更大的发展，我还想强调一点，那就是应该重视老人的力量！近年来，社会上有关年轻人的言论很多，比如年轻人是很重要的，必须提醒年轻人该注意什么，等等。我对此没有反对意见，但是从我自身的年龄来说，重视老年人同样重要。一味强调年轻人的重要性，而忽视老年人，这也是不对的。

我曾经在一次聚会上说，我希望自己能成为一个文明的老人。至于别人看我是不是个文明的老人，我不在乎，但是我觉得自己应当是一个文明的老人。可也许在年轻人眼里，我是个野蛮的、不通情理的老人。

据我长时间的观察，我觉得，跟我年轻时相比，现在的年轻人出道的年龄好像比较大。这就好像日出的时间推迟了，而日落的时间却提前了，结果，人生的工作时间就大大缩短。举个例子，如果一个学生在学习上花费了 30 年的时间，那么他要像我这样工作的话，至少得要工作到 70 岁才能退休。而如果他 50 或 55 岁就退休了，那么他的工作时间才 20 年或者 25 年。当然，一个天才大概只要花 10 年的时间就能干完普通人 100 年的工作量，但这只是例外，大多数人是做不到的。

现在，社会变化日新月异，新的科学技术不断出现。或许不定哪天，有个天才发明了一种永葆青春的药，或者让人在年少时就学到了先进的知识，甚至刚刚出生的婴儿立马就能干活，人能工作到人生的最后一天，那就更理想了。我衷心希望田中馆①先生能够早日完成这样的发明。不过在这项伟大的发明完成之前，上了年纪的人也还是应该积极地工作。

什么才是文明的老人呢？文明的老人应该是，虽然身体衰弱了，但还有精神。为了不让精神衰弱，就要积极学习新的东西。只有让自己的知识不落后于时代，精神才能永葆青春。因此，我最看不起如行尸走肉、没有理想的人，我们应该在肉体存在的有限时间里，努力保持精神常在。

活在当下

德川幕府末期，日本社会由于受到传统思想的影响，对一般平民和工商阶层的教育与对武士阶层的教育是有差别的。对于武士阶层的教育，一切都以修身齐家为出发点，除了最基本的修身之道，还要让他们学会如

---

① 译者注：田中馆爱橘（1856—1952），日本明治时代末期和昭和时代初期的国际著名的物理学家，曾任东京大学教授。

何去经世济民和管理国家；而平民和工商阶层能学到的则仅仅是一些最浅显易懂的东西。由于当时接受武士教育的人很少，所以，大部分的武士教育都采用"寺子屋式"，类似私塾。课堂主要设在当地的寺院，由僧侣或者一些有身份的老人来担任教师。由于当时的农工商活动仅限于国内，很少与海外往来，所以这些阶层的孩子们只能接受一些基础性的教育。再加上当时重要的商品运输、销售枢纽等都由幕府掌控，所以农工商阶层的人能活动的范围也十分有限。在武士眼里，平民只不过是一个能说话的工具而已，任意打骂甚至杀戮，都是不在话下的。

这样的情况一直持续到嘉永（1848—1853）、安政年间（1854—1859），随着社会环境的变化，才慢慢有所改善。接受了经世济民学说教育的武士，倡导"尊王攘夷"，最终促成了明治维新这一重大社会变革。

明治维新后不久，我当上了大藏省的官员。当时，日本还几乎没有科学方面的教育，虽然武士教育中有了一些高尚的东西，但在底层教育中，只有读书识字这类基础性的东西，缺少真正的学问方面的教育，而且在论及普通教育时，内容也多是政治方面的教育。日本虽然已经开始海上的对外贸易，却没有这方面的知识。如何让国家富强起来的知识，几乎为零。成立于明治七年

（1874）的一桥高等商业学校（现一桥大学）就曾多次遭遇停办的危机。这也可以说明当时的上层是如何轻视商业活动的。

我当上官僚后，一再疾呼科学知识的重要性，尤其是在与海外通商方面。所幸这一倡议终于引起了重视，时来运转，明治十七年、十八年时，学校教育中有了关于科学知识的科目，培养了大批人才。从那时起，在短短的三四十年里，日本已有了与先进国家平起平坐的物质文明。

凡事有利就有弊，这期间也不例外。德川家统治的近 300 年里，形成了品德高尚、清高致远的武士阶层。当武士阶层退出历史舞台后，这种精神也随之消失，仁义道德被抛在脑后，大多数人只知道敛财致富，导致精神文明教育的衰退。

我在明治六年（1873）开始投身于商界，将全部精力放在促进物质文明发展中去，虽是微薄之力，但总算使日本出现了一批实力雄厚的实业家，也使国家的财富大大地增加了。然而，我没想到的是，国民的精神品格却在大大倒退，跟明治维新以前相比，已经到了近乎消失的地步，事态之严重令人担心。所以，我认为，物质文明的发展也会严重阻碍精神文明的进步。

我相信，精神方面的进步必须跟财富的增长相辅相成，所有的人都必须保持这种定力。我出身于一个农民家庭，所受的教育也有限，但所幸在"寺子屋"读到了古代中国的书籍，因此获得了这种信念。

我不关心天堂和地狱那一套，但是相信，只要坚持走正道，立足于当下，就一定能成功。

再来个"大正维新"①

所谓"维新"，就是《礼记》中所说的："苟日新，日日新，又日新。"也就是说，一个人在发挥自己旺盛精力时，自然而然就能产生新的活力和前进的动力。我所谓的"大正维新"也正是出于这个目的。简单地说，在做一件事之前，首先必须要有思想准备，要把所有的劲都往一处使，这样才能成功。

维新时代，必定会出现保守复古倾向，所以，这就需要人们更加坚定信念和努力。这一点与明治维新时代人物的活动是不一样的，很值得大家去做深刻反思。明治维新以来的各项事业中也不乏失败的例子，但总体而言，那个时代的事业都还是充满活力的，带

---

① 译者注：这里的"大正维新"是相对于明治维新而言。涩泽荣一希望新的时代有新的时代的变革，这跟日本近代史上的"大正维新"运动无关。又，"维新"一词来自《诗经·大雅·文王》。

有进取精神。虽然这当中也有这样那样的因素，但旺盛的精力和强烈的事业心是每个时代的人都永远不可或缺的东西。

青春时代，正是血气方刚的年龄，如果能用好这股干劲和激情，那么就能为日后的幸福打下基础。希望青年朋友不要错过这样的机会，要大胆地去追求自己的理想和目标，只要你觉得是对的事，就下定决心去做。年纪大了以后，顾虑一多，就会缩手缩脚、思前想后，到那时，什么事就都做不成了。要敢于进取、敢于担当，勇敢地去向你的理想挑战。有了这样的决心，你就能克服困难。即使受到挫折，你也会觉得这不过是一时的疏忽而已，不会动摇，反而会从中吸取教训，锻炼出更加刚强的意志。

一个人在年轻时有过上述的经历后，在进入壮年的时候，一定会有所作为，这无论是对个人，还是对国家来说，都将是一笔宝贵的财富。

年轻人是国家的未来，肩负着建设国家的重任。因此，从现在起，就必须下决心，时刻准备着投身于竞争激烈的社会当中去。如果你好逸恶劳，抱着做一天和尚撞一天钟的想法，那么不仅是国家的前程令人担忧，个人的前程也将断送在你自己的手里。

如今的日本社会早已与明治维新时代不同，再也不见当初的百废待兴、社会秩序混乱的局面。如今的社会秩序井然，教育得到了普及，只要有一颗向上、敢于拼搏的心，再加上辛勤的努力，就一定能做成一番大事。这种井然的秩序一定是建立在大力普及教育的基础上的。正因为如此，你的知识储备如果只比一般的教育水平好一点点的话，你的理想也只比常人高一点点的话，那么还是不足以引领社会向前发展的。因此，我们要认清教育也有弊端，要勇敢进取，大显身手，冲破各种阻碍，迅猛前进，才能取得最终的成功。

丰臣秀吉①的优点和缺点

生于乱世的豪杰不重礼节、持身不正的例子，不仅出现在明治维新时期的那些元老身上，在其他的朝代也屡见不鲜，那个稀世英雄丰臣秀吉可以说是乱世豪杰中的代表人物。当然，身在乱世，人总有不得已的时候，不必过分苛责。如果硬要指出丰臣秀吉的缺点的话，那就是持身不正、有机智而无谋略。提到他的长处，那就是世人都知道的执着、勇敢、机智和气概。

---

① 译者注：丰臣秀吉（1537—1598），日本战国时代的著名武将。日本历史上的著名人物，关于他的事迹已有大量书籍记载，谨请参考。

在上述提到的秀吉的各项优点中，执着当属第一，这也是我最佩服的地方。我希望年轻一代一定要认真学习他的这种执着的精神。千里之行，始于足下。丰臣秀吉之所以能成为旷世英雄，最重要的一点就在于他的执着和努力。

秀吉在当织田信长①部下的时候，被织田唤作藤吉郎，甚至被叫作"猴子"，但是他都不在乎。他的主要任务就是给信长拿草鞋。到冬天，他就把所有的鞋子都抱在怀里，这样信长无论在什么时候穿到的鞋就都是温热的。这些微不足道的小事，他都记在心里，如果不是特别执着的话，那是无论如何做不到的。

此外，每次信长一大早要外出时，他也都会在集合之前待命，随叫随到。这样的事虽然只是传说，但也能充分说明秀吉是一个非常用心的人，执着的程度非比寻常。

天正十年（1582），织田信长遭武将明智光秀②暗算，被杀死在京都的本能寺。那时，秀吉正在现在的广岛一带要攻打毛利辉元。得知消息之后，丰臣秀吉在第

---

① 译者注：织田信长（1534—1582），日本战国时代的著名武将。日本历史上的著名人物，关于他的事迹也有大量书籍记载，谨请参考。
② 译者注：明智光秀（1528—1582），织田信长手下的武将，因文武双全而受到重视。至于他为什么会反叛织田，至今仍是个谜。

一时间与毛利辉元议和，并从对方手里借来枪支和弓箭各 500 支，旗帜 30 杆，外加一队骑士。他以最快的速度率领部队日夜兼程，从广岛折回京都，在距离京都不足数里的地方将光秀军一举歼灭，并将光秀的人头放在本能寺悬挂示众。

从信长在本能寺遇害当天，再到歼灭光秀军，秀吉总共只用了 13 天，即不到两周，就平定了叛军。要知道，在当时那种没有铁路、没有车辆、交通极不方便的情况下，秀吉能在短短 13 天时间里完成这一切，可以说是一个奇迹，这也充分证明了他的这种执着的精神。正因为如此，他让不可能变成了可能。

在这之后的第二年，也就是 1583 年，秀吉在贱岳①战争中消灭了柴田胜家，一统天下。1585 年，秀吉顺利地登上了"关白②"的位子。从本能寺一战到一统天下，秀吉仅用了三年时间。不得不说，这与他拥有的卓越才能有着很大关系，但我个人还是认为，让这一切成为现实的一个最重要的原因就是他的执着。

虽出身低微，最后却当上关白，丰田秀吉自然被视为英雄人物，因此民间有很多有关他的传说。不管这些传说是否属实，但他的执着、他的锲而不舍的精神是他

---

① 译者注：山名，位于滋贺县琵琶湖北边。
② 译者注：当时的最高官位，天皇的辅政大臣。

成功的关键，这是毋庸置疑的。

筷子，要自己拿

很多年轻的朋友常常感叹怀才不遇，明明有着一腔热血，想做一番大事，可就是找不到门路，也没有人来赏识自己。是的，不管你多么优秀，有多大的抱负，如果没有人发现的话，你是无法发挥你的才能、实现你的理想和抱负的。如果你有一个有实力的前辈或者亲戚的话，那么你实现抱负的机会也就会多一些，你也能成为幸运的宠儿。当然，并不是每个人都能这么幸运的。这是不是就意味着即使你再有能力、再优秀，可如果没有一个有实力的前辈来提拔你的话，那么就永无出头之日了呢？答案当然是否定的。

是金子总会有发光的一天，只要是真正的人才，就不会被社会所埋没。当今社会，人口众多，无论是在官场，还是在企业，甚至是银行，都可称得上"人才济济"。可是，你有没有发现，真正能让我们放心地委以重任的人并没有几个。所以，各处缺的是真正的人才。就像满桌子的菜肴，吃还是不吃，或者到底吃哪盘，就要看我们拿筷子的人如何行动了。

在前一节提到的丰臣秀吉，就是由匹夫起家的，最后用自己的筷子夹到了"关白"这道大菜。他虽然受到织田信长的赏识，但他还是自己拿着筷子去夹菜。因此，如果你想要有所作为，就必须做自己拿筷子去夹菜的人，而不是等别人夹菜给你吃。

没有哪个老板或是领导会立即把重要的工作交给一个毫无经验的年轻人，就算是秀吉那样日后成为大人物的人也一样，一开始也不过是个为信长提鞋的小卒而已。有些大学毕业的人在职场会愤愤不平：我这个有大学学历的人，竟然跟个学徒似的在打算盘、记账，太大材小用了！如果你有这种想法，那么，记住了，这是不对的！再小的事，它也是大事的一部分，试想，连一件小事都做不好的人怎么能做好大事呢！好高骛远，会让自己终生一事无成。

正如钟表上的小针、小齿轮与大针的关系一样，一旦前者停止不动，后者也一定会停下来。又如营业额达数百万的银行，如果出现一厘一毫的计算错误，就可能导致严重的结果。

有些年轻人眼高手低，看不起小事，长此以往，总有一天会发生大问题。一旦养成了草草应付了事、粗心大意的坏毛病，终究是难以做成大事的。就像前面也提到的德川光圀挂在自家墙上的格言："小事须谨慎，大事则不惊。"不管你做什么工作，从事什么职业，都应该要这样。

俗话说："不积跬步，无以至千里。"事无巨细，都是要一步一步去做，就好像饭必须一口一口吃一样。即使有做大事的信心，也不能轻视小事，再小的事也要用心，要带着诚意去完成。秀吉得到信长重用的例子就说明了这一点，先认认真真地做好自己的分内事，当领导把重任交到自己肩上时，就能扛得起重担，这样，自然就会得到领导的赏识和破格重用。因此，不管你现在是做跑腿的，还是打字记账的，只要你诚心诚意做好自己的分内事，那么总有一天你会成功。

大志和小志，如何调和

立志的一个最重要的条件就是，志向必须建立在可实现的基础上。如果你的志向没有经过深思熟虑，只是受到社会风气的影响，或者这山看着那山高，找一些跟自己能力无关的事情，那么立下的志向就算不上是真正的志向，最终也只能是一无所获。

现在的社会是一个有秩序的社会，所以，志向一旦立下，很难在中途改弦易辙。即使日后有机会改道另行，那也会蒙受很大的损失。所以，在立志时，一定要谨慎行事。首先要冷静地分析自己的长处和短处，选择自己比较擅长的方面作为方向。其次要仔细分析自己所处的环境有没有实现自己志向的条件，比如，身体是否足够结实，头脑是否足够灵活。如果你想一生从事学问研究，那么还要有足够的财力。从各个角度审视自己想要做的大事，如果确认是有希望的，实现的概率也比较高，那么再开始立志吧。

如果轻率地做出决定，或者跟着社会风气走，随波逐流，那么将一无事成。

大志决定下来之后，接下来就需要注意那些所谓的小的志向。小的志向往往是指做好一些被看成细枝末节的事情。比如说，当你在做一件事情的时候，你一定会希望做好这件事，这种希望就是所谓的小志向，即小志。也就是说，小志是在实现大志过程中必须一个又一个去实现的目标。

再举个例子，如果有人因为某件事而受到了社会的尊敬，那么其他人也就会以他为目标，这也是一种小志。换句话说，大志是建立在实现小志的基础上的。如果大志与小志出现冲突，就应该努力协调它们，以保持两者之间的平衡。

关于立志，让我们再来看看古人是怎么做的吧。我还是要举孔子为例。《论语·为政》中说："吾十有五而志于学，三十而立，四十而不惑，五十而知天命。"

孔子说自己在十五岁时就确立了志向，至于"志于学"是不是就是指把从事学问作为一生的志向，已无从考证。但是可以肯定的是，他决定从此以后要认真从事学问研究。他所说的"三十而立"，是指已经能在社会上独当一面，并具备了能修身齐家治国平天下的本领；而"四十而不惑"是指一旦志向确立，就不会因为外界的影响而有所动摇了。由此可见，孔子所说的立志最佳时间是在 15 岁到 30 岁，而"志于学"是指志向还未完全坚定、还有所动摇的阶段。到了 30 岁，志向就变成了决心，到了 40 岁，立志才算是真正完成。

打个比方，立志就好比是构筑人生这座大厦，小志则是大厦里的一砖一瓦，因此，一开始就要考虑协调好这两者的关系，不然，在日后构筑大厦的过程中，就会有半途而废的危险。因此，立志是我们人生中一个非常重要的出发点，绝不能轻率地做出决定。立志的关键是要有自知之明，要量力而行。只要做到这一点，在人生的道路上，就不会出现太大的失误了。

君子必争

很多人觉得我是个与世无争的人。当然，我不是个喜欢与人争的人，但也不是完全不争。不逃避问题，该争时，我也是寸步不让的。如果一味想着避免与人相争，那么善就会败于恶，正义就得不到伸张。我虽然没什么了不起，但是也不会给邪恶让道，做一个没有原则、处世圆滑的人。和事佬，也应该有点自己的棱角，正如古诗里说的，太圆了，反而容易滚落。

我不是人们所说的那样圆滑，乍一看，可能像是个圆滑的人，其实不然。我从年轻的时候就是这样，即使到了年过古稀的今天，仍然保持这样的性格，一旦遇到有人想要动摇我的信念，我会不惜一切代价和这些人斗争，只要我相信我的所作所为是正确的，就绝不会退缩。这就是我所说的不圆滑。

人不论老幼都应该有这种不圆滑的精神，否则一生将毫无生气，索然无味。正所谓"物极必反"，人生在世，圆滑一点也是可以的，可太过圆滑就会没有原则。《论语·先进》中所说的"过犹不及"，就是这个道理。

有事实可以证明我是个有棱角但不圆滑的人。用"证明"这个词似乎显得有些奇怪，不过，我还是想举个例子说明一下。

当然，说到和人相争，我的情况仅限于口头，从来没有跟人动过手。年轻的时候，我在掌控情绪方面做得不好，一不高兴，就挂在脸上，怒形于色，这就给人一种好斗的错觉。但还是要声明一下，我从来没有动过手，下面就是一个例子。

　　明治四年（1871），我 33 岁，在大藏省担任总务局长①一职。当时大藏省出台了一项出纳修正法，要求采用西方的簿记法，即金钱的进出都用传票制度来替代。但是当时的出纳局长（名字我就不提了）却极力反对此事。传票制度实施后，错误也是在所难免，每当发现问题，我都会去找当事人，批评他们。有一天，那位本来就反对修正法的出纳局长毫不客气地推开了我办公室的门，前来兴师问罪。对此，我一言不发，只是冷静地看他会说些什么。

　　这位局长对自己部门在实施传票制度时所犯下的错误，不仅不道歉，反倒是指责欧洲簿记法的种种不是，还对我破口大骂："就是因为你盲目效仿美国，所以才会提出这么个法案，才会出现这么多的错误，要是真追究责任，你才是罪魁祸首。"

　　他越说越激动，措辞也越来越激烈。我对他这种蛮横无理的态度很惊讶，但是并没有因此而生气，只是耐心地告诉他，如果要准确地记录收支，只有使用传票这种簿记法。尽管我一再向他说明，可这位出纳局局长已经什么都听不进去了，争论了两三句后，他面红耳赤地

_____

① 　译者注：虽然都叫局长，但在日本的官职里，"总务"的地位最高。

挥起了拳头，冲着我就过来了。

　　论个头，和这位身材高大的局长相比，我明显要矮一截，可是看他兴奋后踉跄的样子，我就明白这人没什么大不了。我年轻的时候，练过武功，要想制服他，对我来说，大概不会太难。但是，我不想与他冲突，就在他怒气冲天地扑过来时，我敏捷地站起来躲过了他的拳头，并随手把椅子挡在自己前面，镇定地后退两三步。看着这个男人不知所措的样子，我大喝一声："这里是官署，不要乱来，请自重！"他这才回过神来，悻悻地退了出去。

　　这以后，关于他何去何从的问题，也引起过争议。有人认为，对长官撒野成何体统，应该受严重处分。我个人倒认为，只要他认错了就可以。但是愤愤不平的人把这件事汇报到了上面，上面自然不会放过破坏纪律的问题，于是他受到免职处分。我至今仍感到这是个可怜的男人。

社会和学问的关系

　　学问和社会之间本来没有太大的距离，但如果你在校期间对社会抱有过高的期待的话，也许会对棘手复杂的现实感到意外。今天的社会已与以往的时代不同，在学问方面，科目越分越细，除了政治、经济、法律、文学以外，还有农、商、工科。工科里面还分为电气、蒸汽、造船、建筑、采矿、冶金等。就连看上去比较单纯的文学，也可以分为哲学、历史，还有教育、写作等专业。然而，不管学什么，书本上的东西总是比较单纯的，一旦走上社会，就会迷茫，容易犯错误。因此，学生必须注意这个问题，要着眼于大局，看清自己的脚下，别忘了要分清：我是我，别人是别人。

急功近利而不顾大局，这是人的通病。很多人喜欢追逐潮流，生怕自己落后，有了点成绩就沾沾自喜，而稍稍碰到点挫折，就垂头丧气。特别是刚毕业的学生有眼高手低的倾向，所以也特别容易犯错误。

打个比方来说明学问和社会的关系。学问好比是一张地图，社会则好比是你看着地图用自己的脚去走的地方。一张世界地图，一瞥之下尽收眼底，手指一伸，就可以丈量出国与国的距离。军部制作的地图就更详细了，小河流水、高岗山丘、地形的高低都被描绘得精准又详细。如果你以为拿着这样一张地图就能去实地走一趟，那就大错特错了。实际的情况是，山高谷深，树林丛生，河流湍急，道路迂回曲折，到处险象环生。你是失魂落魄、自暴自弃，还是坚定信念，勇敢地去克服困难，走出一条自己的路来呢？

培养勇气

年轻人精力旺盛，充满活力，自然想要大干一场，可是有些人用错了方法，结果导致无法挽回的失败。因此，行动之前一定要三思而行。正义观是勇往直前的前提，那么，这种正义观下的勇气又是怎么培养出来的呢？

我认为，首先就是要锻炼身体，也就是要练点武功，尤其是要增强下腹部的力量。下腹部的力量能使人保持身体自然的健康，同时能陶冶心灵，使身心保持一致，并由此产生信心。

锻炼下腹部的力量，其实最简单的做法就是腹式呼吸，或者也叫静坐法，现在很流行。这种方法能调和呼吸，保持心情平静。很多人往往一激动，血就往脑子里冲，自然就会造成神经过敏，容易动摇。但是，如果下腹部有力量的话，就容易保持身心的平衡，沉着冷静，进而成为有勇气的人。

自古以来，武术家的性格一般都比较沉着冷静，而且敏捷。这是因为武术都是锻炼下腹部的，使人养成全神贯注地去做一件事的习惯，从而使身体能更放松地去活动。

为了培养勇气，在锻炼身体的同时，还要加强内心的修行。在读书方面，可以去阅读自己膜拜的人的书，慢慢从中接受感化。也可以直接接受长者的感化，聆听他们的教诲，使自己养成身体力行的习惯，使刚健的精神得到提高，并养成倡导正义的习惯和信念。如果有了正义带给自己的快乐，那么勇气也会油然而生了。

但要注意的是，人处在血气方刚的年龄，最容易意气用事，会不顾前后地做出一些冲动的事。本能、野蛮、粗暴，都不代表有勇气，反而会给社会带来负面影响，甚至还会导致自己身败名裂。所以，一定要再三注意自己的言行，不可放松自身的修行。

总而言之，当今的日本社会，因循守旧的思想已经过时，我们尚处于改革的阶段，更需要的是奋发图强、不断地开拓创新的精神。因为，我们不但要赶上先进国家的发展水平，而且还要超越它们。因此，我衷心地希望年轻一代要做好思想准备，现在是你们排除万难、勇往直前的时候，为此，要不断地促进全面的、健康的身心发展，去大展宏图。

走自己的路

我 17 岁那年，曾一门心思地想要成为一名武士。

这主要是因为在当时的日本社会，商人也好，农民也好，都是下等人，受人鄙视，没有什么出头之日可言。可是，只要是武士出身，即使没有才能，也能跻身于社会高层，并耀武扬威。

这种情况让我愤愤不平：同样是人，为什么不是武士，就毫无价值了呢？既然这样，那我也非当武士不可！那时我学习了一些中国古典，读了《日本外史》等书籍，了解到政权从皇室朝廷转到武士——幕府手里的历史过程，不由产生了一种慷慨之气，因而再也不甘心一辈子只成为农民或商人，而想成为一名武士的念头越来越强烈。

本来我的目标只是单纯地成为一名武士，但是渐渐地，我的想法发生了变化，我想借武士的力量去改变当时国家的政治体制。用今天的话来说，就是作为政治家参与国家的政治活动。出于这样的野心，我开始背井离乡，四处漂泊，直到我在大藏省找到官职为止，当中几十年的光阴被我白白浪费掉了。现在回想起来，还痛心不已。

坦白地说，我年轻的时候，有过很多志向，一直到明治四、五年时，我才真正下定决心要投身于实业界。现在想来，这才真正算得上是我的志向。其实，从修养和才能两方面来看，我并不适合从政，也就是说，投身政界，是选择了自己的短处。

与此同时，我也认识到，欧美国家之所以能这么繁荣昌盛，完全取决于它的工商业的发展。而日本一味地维持现状，那么，什么时候才能和这些国家平起平坐呢？一个国家要富强，首先必须发展工商业。所以，我决心离开政坛，进入商界。从立下这个志向到现在，已经过去了四十多年，我的信念一直没有变过。

回顾以往所立的多个志向，发现很多都与自己的能力不相配，没有客观地衡量自身实际情况，所以才会在后来行动时，不断地改变自己的志向。

如果在十五六岁时，就能知道自己能做什么、不能做什么、到底想做什么，甚至以成为商人为目标，那么在 30 岁左右进入实业界前的十四五年里，我就可以去学跟做生意有关的事情，积累不少的经验。如果真是这样，那么这个涩泽一定会比现在的更优秀。

遗憾的是，青年时代的一时冲动，使我浪费了大好时光。前车之覆，后车之鉴，我之所以要写下自己的经历，就是希望正在立志的年轻人不要重蹈覆辙。

穷则独善其身，达则兼济天下。

——《孟子·尽心上》

第三章
常识与习惯

健全人格的三要素

为人处世的基本常识，在任何时候都是不可或缺的，无论你的地位有多高，或者你的境遇有多好。那么，什么才是常识呢？我是这么理解的：有常识的人，在待人接物的时候，不做作、不顽固，能分清是非善恶，知道什么是利害得失，语言举止都符合中庸的标准。从理论上来解释，就是"智（智慧）、情（感情）、意（意志）"，这三者互相制衡。

换句话说，常识就是通晓人情世故、善于了解做人的道理，并能恰当地处理各种事情。按现在的心理学家说法，我们可以把人的心灵分成"智（智慧）、情（感情）、意（意志）"，这一点，可能所有的人都能接受吧。这个世界上，正因为有了智慧、感情和意志，人类的各种社会活动才得以进行至今，才能在接触各种人或事物中获得成就感。接下来，我想谈谈我对"智、情、意"三者的看法。

　　先来看一下"智（智慧）"的作用。一个人，如果没有足够的智慧，也就意味着对事物缺乏最基本的判别能力。如果一个人不能判别一件事是好是坏、是有利还是有害，就算他有再高的学历和知识，又有什么用呢？还不是白白糟践了自己的学问吗？如果你认识到了这一点，那么你就会理解，智慧对人是多么的重要了。

　　但是，历史上，也有人是不推崇智慧的，宋代的大儒程颐、朱熹就是代表。他们坚决认为，智慧会使人热衷于权谋术数、尔虞我诈；人越讲究功利，就越远离仁义道德，因而也会极力主张排斥智慧。由于他们的影响力极大，所以，本来是一种可以多方面活学活用的能力却被打入了冷宫。从他们的观点看，只要修身养性、独善其身，坏事就不会发生，其实这是一种极大的谬误！假如人人都只顾自己，认为只要自己不做坏事就可以了，那又能对社会做什么贡献呢？如果真的这样，说不定你会陷入痛苦，不知道人为什么要活在这个世上。

　　当然，做坏事是绝对不行的。但如果为了避免做坏事而什么都不做，那也算不上是真正意义上的人。如果给智的活动加上限制，那又会怎样呢？虽然坏事是不做了，但是人的意识也会渐渐地往消极方面倾斜，参与做好事的想法也就少了，这实在是令人担忧的事情。朱子主张"虚灵不昧""寂然不动"，讲仁义忠孝，说智近于诈。我认为，当今社会孔孟之道变得偏激而狭隘，还让人对儒学产生误解，正是由于他的这种想法带来的恶果。智，对人的心灵培养来说，绝对是不可或缺的，绝不能被轻视。

智，应该得到尊重和重视，但也并不意味着只要有了智，人就可以凭它在社会上进行所有的活动。为人处世，还有另一个重要因素——情。没有情，智的能力也得不到充分发挥。一个聪明绝顶却薄情寡义的人，往往会做出一些匪夷所思的事来，为了谋求自己的利益，他们甚至可以不惜以压制别人来达到自己的目的。自古以来，有智慧的人都能看清事物发展的前因后果，也能分析得很到位，这是件好事。可如果这种人头脑发达，却冷面铁心，那后果将不堪设想。因为，这种人事事都会以自我为中心，不惜牺牲他人的利益，甚至不管他人的死活。

这时，情（感情），可以成为一种缓冲剂。很多事情，有了情的支撑，人们的身心就能保持平衡，并且使很多事情得到圆满解决。如果人类的活动中没有了这一重要因素，一切都将从一个极端走向另一个极端，最后让人陷入走投无路的困境。因而，情，是人类活动中不可或缺的另一个要素。

当然，情也有它的弱点，人容易受它支配，受它左右。喜、怒、哀、乐、爱、憎、恨，人的这七种常情会给自己身边的事情带来很大影响。为了预防感情失控，这时就需要另一个要素——意（意志）。

感情容易失控，这时唯一能控制它的就是坚强的意志了。意志是精神的本源。坚强的意志，是生活中的强者所必备的条件。当然，徒有坚强的意志，而没有"智"和"情"，又会成为一个顽固不化、死板一块的人，即便自己有错，也不会加以悔改，而是一味地相信自己是对的，固执己见。这种人虽然也有可取之处，不过，这种缺少"情"和"智"的人也只能说是不健全的人，不能称之为完美的人。

坚强的意志，不凡的智慧，再加上能调节它们的感情，三者相得益彰，协调共存，这样的人才能成为一个拥有健全常识的人、一个对社会有用的人。有些人喜欢把坚强的意志挂在嘴边，但是，过于强调坚强的意志，也会给社会活动带来种种障碍。日语里，把这种人称之为"猪武士"，即只知蛮干、倔头倔脑的人。

祸福皆从口出

我平日里是一个爱说话的人，经常在各种场合发表言论，而且只要接到邀请，立即就会跑去演讲。不知不觉，话讲多了，出错率也就高了，难免会被人抓把柄、遭人笑话。但是，不管别人对我是怎么看的，我都坚持表里一致，不会嘴上一套，心里一套，也从不说假话。不管我讲的是什么，绝对没有谎言，对这一点，我是有绝对信心的。

俗话说，祸从口出。但是，如果因为害怕惹祸就什么也不说，那会怎么样呢？该说的话不说，怎么能跟别人沟通呢？如果因为没有表达清楚自己的意思，结果糊里糊涂地葬送掉大好的机会，那不是更令人惋惜吗？不说话，虽然是避免了惹祸，可也没有带来任何福利。要知道，福，也是能从口出的！多嘴也许令人讨厌，可是一味地沉默寡言，也不会显得你有多高尚。在当今这个竞争激烈的社会，一个不会说话的人又能做什么事情呢？

就我个人的经历而言，话多招惹过祸，可因此也招来了福。比如，有些事情或问题，一个人不能解决的时候，稍张张口，就能得到他人的帮助，反过来也一样，可以去帮助别人解决困难。因为我比较喜欢说话，所以经常受托去调解矛盾，或者凭着自己的说话能力，去帮助别人发现各种机会。如果我是一个沉默寡言的人，相信这些好事是不会自己找上门来的。所以说，祸福皆从口出。江户时代的俳句诗人松尾芭蕉（1644—1694）有过这样一句座右铭："是非皆口出，唇寒知秋风。"这首著名俳句把祸从口出文学化了，结果导致这种消极的想法流传开来，害得大家都不敢说话了。

口舌是祸门，也是福门。你要想招福进门，敢言善辩绝不是坏事，当然，面对有可能发生的祸害，还是少说为妙。因此，要紧的是，必须认清祸福之间的区别！

因恶而知美

我经常被人误解。很多人以为我是一个不分是非曲直和正邪善恶的人。不久前，就有人当面向我质疑："您声称《论语》是您为人处世的根本原则，平时用《论语》来指导自己的行动。可是，在您帮助过的人中，也有和您的思想主张相反的人，甚至可以说是非《论语》主义者。对那些受到全社会指责的人，您也会不顾这样的舆论，坦然地接受他们。您这样做，难道就不怕有伤您高洁的人格吗？请告诉我们，您的真意何在？"

的确，他们的批评是有道理的，我也知道他们指的是什么，不过，我也有我自己的想法。人生在世，除了要立足安身，同时也要为社会进步做出应有的贡献，在

63

力所能及的范围之内多做一些好事。为此，我把个人财富、地位和子孙的繁荣放在第二位，把为国家效力放在第一位。因此，我一贯坚持的立场就是，为他人着想，多做好事，帮助他人发挥自己的能力。至于此人持有什么思想，我一般不会去考虑。或许，这就是让人产生误解的主要原因吧！

自我进入商界以来，接触的人也越来越多。如果这些人想要学我的做法，在发展事业方面发挥自己长处，即使他的想法是为了自己谋私利，可只要所做的事情是正确的，那么对国家和社会也都是有利的。我对这样的人都表示理解，并想方设法帮助他们达到目的。我的这个立场，并不只是用于追求直接利益的工商业界的人士，而且还用来对待那些拿笔杆子的人。例如，报纸和杂志的人来采访我，请我谈谈个人的意见时，虽然我不认为自己的言论有很高的价值，但是如果对方是诚心诚意的话，那我就不会拒绝。不管对方是不是我的朋友，只要能抽出时间，我都很乐意回答他们的问题。但我也一定会事先问清楚他们的要求和问题，只要他们的要求符合道德标准，我都会欣然接受。我认为，这不仅是在满足这些前来采访人的要求，也是在为社会利益做贡献。

然而却有人利用我的"大度"，提出一些不合理的要求。例如，有素不相识的人来找我借钱；有人因家境不好，要我资助他几年学费；还有人说，已经做成了什么什么发明，要我给予赞助，帮助他事业成功；更有甚者，竟然要我投资帮他做生意。我每个月都能收到几十封这样的来信，因为收件人是我的名字，所以，我觉得应该一一过目。还有一些人亲自上门，要求见我。虽然我也都去和他们见面，但对于他们不合理的要求或希望，就直截了当地指出不合理的地方，并且予以回绝。信件的话，我可以不去回它。也许有人会说，没有必要去看每一封信，接见每一个人。不过，假如真的这么去做的话，那就是在违反我自己的原则，所以，我明知这样做会增加自己的工作量，可为了自己的一贯立场和原则，一般还是会亲力亲为的。

不管是陌生人的请求，还是熟人的委托，只要是合情合理的，我都会尽力而为。一是为了这个人，二是为国家和社会做一点力所能及的事情。有些事情是我主动去帮忙的，但日后才知道判断失误。但是，我不会因噎废食，社会上总有素质差的人。人也总有做错事情的时候，这是在所难免的，因为这个世界上没有绝对的坏人，也没有绝对的好人，坏人未必就不得善终，而善人也未必不会做错事情。因此，不用去憎恨一个不好的人，如果可能的话，应尽量把他往善的方向拉，这也算是为社会做了一件好事。所以，有时候，我一开始就发现对方不是好人，但还是给予他需要的帮助。

好习惯的影响力

所谓的习惯，就是人们在日常生活中通过不断地重复形成的行为举止，这种行为举止逐渐固定下来，久而久之，就成了通常所说的习惯。习惯，对人的心理活动和行为都有着很大的影响。坏习惯多了，会使人越来越坏；好习惯多了，会使人越来越善。习惯最终会影响到一个人的人格，因此，无论是谁，养成良好的习惯，真的是人生中的一件大事。

一个人的习惯不单单只与其个人有关，它还会感染身边的其他人。模仿他人，也是人的天性。习惯有好有坏，其影响力之大，也是需要注意的。就说言行举止的习惯吧，我们经常会看见，乙模仿甲，丙又去模仿乙。再举个例子，某天，甲报上刊登了一个新的词汇，紧接着，乙报和丙报马上就去使用，后来大家都去使用，于是，就见怪不怪，新词变成了普通名词。比如，"时髦""暴发户"这样的词汇广泛传播，就是最好的证明。

最近，妇女儿童的表达方式中也有这样的情况。例如，近些日子，女学生中很流行的"好哇好哇！""就是啊！"① 也是由某种表达习惯传播的。又如"实业"这个词，原本是没有的，可今天也已经成了习惯用语，一提到它，马上就会让人联想到工商业。以前我们说"壮士"时，必然理解成是壮年人，可今天把老年人也称为壮士。本来是不伦不类的用法，但用的人多了，也就见怪不怪了。由此可见，习惯拥有巨大的感染力和传播力，因此，养成良好的习惯是很重要的。

　　良好的习惯对于青少年的成长来说，尤为重要。一个人小时候的记忆，到了年老的时候，多半也会记得。就我个人而言，我现在都能清晰地回想起少年时期的好多事来。无论是什么书，只要是少年时读过的，一定都会记得清清楚楚，而近几年来读的书，反倒容易忘记。因此，少年时代是养成习惯的重要时期，一旦养成了，终生都难以改变。俗话说，江山易改本性难移，说的就是这个道理。希望年轻人要好好珍惜这个年龄段，养成良好的习惯。

　　我年轻时离家出走，四处漂泊，过着比较任性放纵的生活，这种生活态度变成了习惯，一直都无法改掉，令我苦恼不已。直到今天，我依然在跟自己的坏习惯作

---

① 译者注：明治时期的女孩子们这么说，会被看作很没品位、格调不高，但是今天却成了普通的表达方式。

斗争，还在努力克服这些坏习惯，虽然大部分都已经改掉了。明知故犯，也可以说是自我控制力还是不够。根据我自身的经历，人即使到了老年，也还是需要重视如何培养好习惯的问题。年轻时养成的坏习惯，只要下定决心、有毅力，即使到了老年也能改过来。在今天这样一个日新月异的时代，更要有意志努力去培养好的习惯。

　　总而言之，习惯往往都是在不知不觉中形成的，所以只要加以重视，是可以改正的。就像一个平日习惯睡懒觉的人，平时无论如何都不能早起，可一旦遇到战争或火灾之类的事情，相信他也一定会为保全生命，一骨碌地爬起来的。那么，坏习惯又是怎么养成的呢？我认为，一个人的习惯往往来自日常的细节中，如果你轻视细节，认为不过是小事一桩，不值得在乎，长此以往，无意间就变成了习惯，而且有些还是坏习惯。所以，不论男女老幼都必须重视养成良好的习惯。

伟人与完人

　　历史上有很多英雄豪杰，在智（智慧）、情（感情）、意（意志）三者之间有失平衡。他们之中，有的意志十分坚强，可是缺少智慧；有的同时兼有意志和智慧，却缺少感情。这样的例子，在历史上比比皆是。由此看来，英雄也好，豪杰也罢，也不全是具备健全常识的人。确实，从某一方面来说，他们非常伟大，超凡出众，为普通人所不能及。但是，我们要清楚一点，伟人和完人，完全是两个不同的概念。

伟人之所以会被叫作伟人，就是因为他有不同于凡人之处，有非凡卓越的才能，在人应具备的一切性格中，伟人即使有缺陷，那也是无关紧要的。因为他的才能足以弥补他的缺点，和普通完人相比，伟人甚至可以被叫作"怪人"。

而所谓完人，则是在智、情、意三方面都比较圆满的人，也就是说，是具备了健全常识的人。我当然希望社会上能多几个伟人，但更希望大多数人能成为完人。伟人的作用是有限的，而完人则多多益善，都是社会的基础。在当今这个发达的社会，各种机构设施已经趋于完备，一个具备健全常识的人就能很好地在那些地方发挥自己的能力。可一个伟人，除了在某些特殊的环境之外，并无太大的用处。

一般说来，年轻人在没有形成自己的价值观时期，比较喜欢标新立异，不能安分守己，好奇心强，喜欢做一些没有常识的事情。随着年龄的增长，人也会变得越来越沉稳。话说回来，常识本身都是一些很平凡的东西，与好奇心恰恰相反。而要让一个年轻人在喜欢标新立异的年龄，去刻意学习平凡的常识，那是不太可能的事情。假如你对年轻人说，希望你成为一个伟人，他们中的多数人大概都会欣然接受；可是要跟他们说，你应该去当一个完人，这对于他们来说，是一件苦差事，这是年轻人的通病。

但是，政治理想的实现，靠的是全体国民拥有健全的常识。产业的发展进步，也有赖于实业家具有健全的常识。所以，不管你愿不愿意，都要学习常识。更何况从社会实际来看，无论是政界还是商界，与其说是具有深奥知识的人在起着领导作用，倒不如说是一些具备健全常识的人在发挥作用。由此看来，健全的常识的重要性是不言而喻的。

为什么容易判断行为的好坏与对错

社会上经常能见到这样一些奇怪的现象：有些人冷酷无情、毫无诚意，而且行为又离奇古怪，却偏偏能受到社会的信任，拥有成功的光环。有些人老实诚恳、任劳任怨，符合所谓的忠恕标准，却被世人冷落。难道上天真是连是非黑白都分不清了吗？这的确是个值得研究的有趣的问题。

判断一个人行为的善恶，必须比较他的动机和行为。有时动机很好，也符合忠恕之道，但是行为却十分鲁钝，甚至胡作非为。动机上也是想为他人做好事，但却伤害了别人，这些都不能称之为善行。

以前的小学课本上有一篇《帮倒忙》的课文，一只母鸡在孵蛋，有一只蛋一直没有孵化，一个小孩看到了，为了帮助小鸡出来，他就把蛋壳打碎了，没想到蛋里的小鸡却死了。我记得，《孟子》中好像也有很多这样的例子，具体描写记不清了，大致是说，如果一个人要为他人谋利，却又破门而入，这难道能让人接受吗？

又比如，在和梁惠王谈政事的时候，孟子说："庖有肥肉，厩有肥马，民有饥色，野有饿莩，此率兽而食人也。"（《孟子·梁惠王上》）。孟子的意思就是，暴政与拿刀杀人无异。此外，孟子在和告子讨论不动心的时候说："不得于心，勿求于气，可；不得于言，勿求于心，不可。夫志，气之帅也；气，体之充也。夫志至焉，气次焉。故曰：'持其志，无暴其气'。"（《孟子·公孙丑上》）意思就是说，志是心之本，气是心所表现的行为结果。即使志是善的，而且符合忠恕之道，但是也会做出事与愿违的事。所以，关键是要保持本心，不损害表现在外的气。这就是孟子对如何培养不动心的说教。也就是说，行为与动机一致，是很重要的。

　　孟子自身是怎么做的呢？他认为，培养出一身浩然正气，会有助于这种修养的提高，但这一点往往是普通人做不到的。孟子举例说："宋人有闵其苗之不长而揠之者，茫茫然归，谓其人曰：'今日病矣！予助苗长矣！'其子趋而往视之，苗则槁矣。"（《孟子·公孙丑上》）这个故事的意思就是，如果你想让庄稼长得好，就应该用浇水、施肥、除草这些方法来实现，而不是用拔苗助长这种愚蠢的办法。

　　我们暂且不去讨论孟子的不动心学说有没有可行性这个问题，不过，社会上拔苗助长的事情却很多。想要让庄稼快点成长，这种动机是好的，但是，拔苗这种行为只能说是恶的。这件事往深处说就是，你的动机再好，再符合忠恕之道，可如果行为背道而驰的话，那也很难得到社会的信任。

　　相反，一个人的动机有些不纯，可行为还算诚实、敏捷，又足可以让人信赖的话，那也可能获得成功。严格来讲，动机不纯而行为却正当，这种情况应该是不存在的。但是，如果你的行为符合忠恕之道，一个圣人也会简单地被你所骗。现实社会中，人们更容易判断行为的善恶，特别是一些表现得比较敏捷的行为，往往会引人注目。因此，行善往往能得到社会的信赖。例如，德川吉宗将军（德川家第八代将军）在全国巡视的时候，看见一个孝子背着老母等在路边来瞻仰自己，吉宗就让人奖赏了这个孝子。有个混混听说了此事，为了获得奖赏，就借了别人家的老人背出来。当吉宗公也要给他奖赏时，旁边人提出了异议，说这个人可能是假的，但吉宗却认为，模仿孝行，也可以奖赏。

　　孟子还说过："西子蒙不洁，则人皆掩鼻而过之。"（《孟子·离娄下》）就是说，即便是个倾国倾城的美人，一旦蒙上了污垢，也就没有人会愿意去接近她。相反，一个内心狠毒、阴险狡诈的女人，如果表面上装出一副温柔体贴、楚楚动人的姿态，也是会有人被她迷住。这可以说是人之常情。所以，与动机的善恶相比，我们更容易判断行为的好坏，这也是善于投机取巧的人比一个老实人更容易得到他人信任，并且容易成功的原因。

什么叫真才真智

　　人活在世上，必须不断地丰富自己的知识。不论是从出于发展自我的需要来看，还是为了国家的前途，没有知识都将寸步难行。但是，我认为，更重要的应当是培养高尚的人格。人格的培养极为重要。如何定义人格这个概念，我还不是很清楚。因为，即使是破天荒的英雄豪杰，当中偶尔也会有一两个人格高尚的人，所以人格未必能与健全的常识画等号。但是我认为，一个有用的人在公私两方面都应具备真才真智。这个真才真智的意思就是指全面的常识。

想要提高常识，首先要弄清楚自己的境遇，常言道："人贵有自知之明"，这个引用不知道对不对，因为我不太了解西方的格言，所以就引用一些东方的格言。《论语》里有很多关于如何认识自己所处境遇的例子。这些例子，有些发生在较大的场合中，有些发生在较小的场合里，不管发生的场合是大是小，你都能发现，就连圣人孔子都在为适应自己的处境而努力。

孔子对认不清自己所处环境的学生，也会毫不留情地进行讽刺批评。例如，孔子问子路："道不行，乘桴浮于海。从我者，其由与?"（《论语·公冶长》）子路听了大喜。其实，这是孔子对子路提的一个比较刁难的问题，但子路却表现得很高兴，以为老师看重自己。而孔子由此知道子路并不清楚自己的境遇，接着又说："由也好勇过我，无所取材。"孔子的意思是，自己的学说在这个国家没有用，所以干脆离开这个国家，坐船出海，子路一定会跟我同行的吧。但是，子路听了，并没有理解老师孔子是在什么样的处境中说出这番话来的，受宠若惊地高兴起来。如果他理解了孔子这句话的言下之意，应该问："您说得对，但是如果这样去做的话，我们应该如何去弄到渡海的工具呢？"如果子路这么对答的话，孔子一定会觉得子路理解了自己的意思，可能就会回答他，到朝鲜去吧，或者是，到日本去吧。

还有一次，孔子询问弟子们各自的志向，子路不假思索地回答说，如果让他去治理国家，很快就能天下太平。孔子听后只是微微一笑。接着其他弟子们也都一一陈述了自己的志向，只剩一个叫曾点的学生。当时曾点正在弹琴，孔子问他的志向是什么，他只说与其他人的都不同，在孔子的鼓励下，他才说："莫春者，春服既成，冠者五六人，童子六七人，浴乎沂，风乎舞雩，咏而归。"（《论语·先进》）曾点这番田园牧歌的理想，很得孔子的赏识。弟子们离开后，曾点问孔子为什么对子路的回答只是报之一笑，孔子说："为国以礼，其言不让，是故哂之。"意思是，治理一个国家，首先必须重视礼仪，然而子路却不知道谦让，所以我一笑置之。孔子笑的是子路没有自知之明，没弄清楚自己所处的境地，只会狮子大开口。

但是，孔子自己也说过很自负的话。例如，桓魋要杀孔子的时候，他的弟子们都很害怕，然而孔子却说："天生德于予，桓魋其如予何？"（《论语·述而》，意为：上天把品德赋予了我，桓魋又能把我怎样呢?）表现出了一种坦然自若、大无畏的态度。

又有一次，孔子到宋国去，途中由于一场误会，遭匡人围攻，险些丧命，弟子们都很害怕，孔子却说："天之将丧斯文也，后死者不得与于斯文也；天之未丧斯文也，匡人其如予何?"（《论语·子罕》）并不担心自身的危险。

据记载，孔子经常"入太庙，每事问"。有人感到奇怪，说："听说那个鄹（zōu）大夫（孔子的父亲）的儿子到太庙里来，每件事情都要发问。他真的懂礼仪吗?"孔子听后回答说："是礼也。"（《论语·八佾》）意思是说这就是懂得礼仪的表现!

只有清楚地认识自己所处的境遇和地位，才能正确地活用这些道理。这就是孔子之所以成为圣人的修身法则。由此可见，就连孔子这样的圣人，也要根据情况不同去说话做事，这点真的值得我们每一个人学习。圣人自有成为圣人的方法，因此，我们每个人未必能成为孔子那样的圣人，但是只要清醒地认识到自己的境遇和地位，即使不能成为圣人，至少也能超过一般人的水平。然而，在实际生活中，很多人往往是稍有成绩，就得意忘形；稍有挫折，就灰心丧气。可见，胜骄败馁是凡人庸夫的通病。

动机与结果

我最讨厌那些动机不纯的轻浮的人。无论他们做得怎么巧妙，与这种没有诚意的人为伍，绝不是件令人愉快的事情。但是，我也不是神，不容易看穿一个人的真实内心，不能判断他的动机是好还是坏，难免会被那些动机不纯、善于伪装的人所利用。王阳明说"知行合一""良知良能"，意思是只要心有所想，必有所现。因此，动机纯，则行为善；行为恶，动机则必恶。然而，在我这个外行人看来，动机善，行为也可能恶；而行为善，动机也未必善。

我对西方的伦理学和哲学一窍不通，只能用学过的四书五经和一些宋儒学说来进行人性论的研究，探讨处世之道。但是，有人说，我的上述观点与德国保尔逊①的伦理学说不谋而合。据说，英国哲学家、伦理学家缪尔黑德（1855—1940）认为，如果动机是好的，就算结果是恶的也不要紧，这就是所谓的"动机说"。缪尔黑德还举了一个例子来说明：17世纪的英国，一个叫克伦威尔（1599—1658）的军人为了拯救英国的危机，

---

① 译者注：保尔逊（1846—1908），也译作"包尔生"，德国哲学家、伦理学家、教育家。

杀了昏庸的君主，自己做了皇帝。尽管杀死君主，有犯上的问题，但是从伦理学角度来看，这件事的结果不能算作坏事。对此，保尔逊认为应该先仔细比较分析动机与结果，即行为与动机的比重与性质，然后再下结论。比如说，同样是为国而战，有的是为了扩张领土的战争，而有的则是为了国家、民族的存亡不得不战。从国家领导人角度来看，他的战争动机都是为了国家和人民的，但是如果在没有必要扩张领土的情况下，任性地开战，会出现两种结果：一种是在错误的时机开战，以牺牲国民生命和国家利益为代价，那么这个国家领导人的行为就是恶的；如果开战时机得宜，连战连胜，让国家富强、人民获得利益，那么他的行为就是善的。按照保尔逊的理论，克伦威尔杀君称帝这件事，幸好是挽救了英国的危机，否则，就算他有满腔救国理想，可如果结果是导致国家陷入更大的混乱，那么他的行为也是恶的。

保尔逊是当今一个很受欢迎的哲学家，他的学说也很流行。我不能断定保尔逊的学说是不是真理，但是，同缪尔黑德的动机纯则行为善的理论相比，保尔逊将动机和行为仔细分析比较后来确定善与恶的学说更有说服力。

我对客人总是有求必见，并不厌其烦地回答他们的问题。有些事情虽然相同，但是其动机却因人而异。或者反过来，动机相差不大，但由于时间、地点等因素的影响，事情发展的结果也会大不相同。就好像土地有肥沃和贫瘠之分，气候有炎热与寒冷之别一样，人的思想感情也是千差万别的。所以，在判断一个人的行为善恶的时候，一定要仔细分析和比较他的动机和行为的重要性和可能带来的结果。

努力学习就会有希望

到今年（1913），我已经是 74 岁的老人了。虽然这几年，我尽量努力避开各种繁缛琐事，但还是无法让自己闲下来，因为我还要管自己一手创办起来的银行。人虽是老了，但要做的事情还很多。我想说的是，任何人不管是老人还是年轻人，如果没有上进心，不去学习，那么就很难有所成就。一个国家也会因有了一群不求上进的国民而不再有所发展。

我素来以活到老学到老为目标，平时工作兢兢业业，从不怠慢。每天坚持在 7 点钟以前起床，尽量接见来访的客人，不论人数多少，只要时间允许我都会一一接见。像我这样一个年过古稀的老人都能做到这些，年轻人就更加应该勤奋上进了。懒惰的人只会给自己的人生贴上懒惰的标签，而且绝对没有什么好的结果。什么叫懒惰？可能很多人觉得，站着干活不如坐着干活舒服，但是其实坐得久了，膝盖会痛；而躺着似乎又要比坐着舒服，其实躺久了，会腰酸背痛。懒惰的结果还是懒惰，而且还会变得越来越懒。因此，我奉劝大家一定要养成勤奋的好习惯。

人人会说，要提高知识能力，要学会审时度势，这的确是很有必要的。但如果想要学会审时度势，那么就要先提高知识能力、提高智力才行。反过来，丰富了学问和知识，而不会灵活运用，那也是毫无用处的。要发挥知识的力量，必须要学会实践，不然再多的知识也是死的，而且这种活学活用的努力也不能是一时的，必须保持终生才行。

越是进取心很强的国家，国力也就越强；反之，越是懒惰的国家，国力也就越衰弱。一人上进，也会带动周围的人，从而形成良好的风气。一个地方上进，可以给一个国家带来好风气；而一个国家上进，那么全世界都会争相效仿。因此，保持积极进取的精神，不仅是为了个人，而且还是为了国家乃至世界。

知识和学问是为了获得成功不可或缺的条件，不过，如果你认为光靠学问和知识就能得到成功，那就大错特错了。《论语》中有这么个例子，子路说："有民人焉，有社稷焉，何必读书，然后为学?"（《论语·先进》）对此，孔子回答道："是故恶夫佞者。"师生两人都有道理，子路的意思是光说不练是不行的，而孔子则表示自己讨厌强词夺理的人。对于子路的这番话，我很同意，学问不是坐在桌前读书读出来的。

总而言之，任何事情都在于平时的努力。比如有些人平时不注意卫生，一旦生了病就跑去找医生。医生的职责当然是救死扶伤，但是如果认为医生什么时候都能为你治病的话，那就大错特错了。医生肯定会劝告病人，要注意平时的卫生习惯。因此，我希望大家要不断地学习进步，平时要多注意周围的事物。

明辨是非道理

一般能够明辨是非曲直和善恶正邪的人，立刻能对事物做出符合常识的判断，知道应该这样做而不应该那样做。但即使这样的人，有时也会出现例外情况，比如受到花言巧语的诱惑后，在不知不觉中接受了对方的意见，而放弃了自己的一贯主张。在这种情况下，一般很可能失去自我。因此，假如出现了这种情况，一定要保持冷静的头脑，注意不要失去自我，这是锻炼意志的关键之处。

面对花言巧语，可以先用常识来进行一些自问自答的练习，比如："如果听了他的话，我可能会获得一时性的利益，但日后会不会有不利的结果呢?"或是"如果此刻处理了这件事的话，暂时也许不会得到利益，但可能会有利于将来"。也就是说，要对自己有一个清醒的认识。如果面对一件事情，能这么去反省和问答的话，就比较容易回归自己的本性，就正辟邪。我认为这也是一种锻炼人意志的好办法。

简单地说，锻炼意志也有善、恶两种类型。比如16世纪的大盗石川五右卫门，他锻炼的就是坏的意志，所以在做坏事时，他的意志非常坚强。人必须锻炼自己的意志，但是没有必要去锻炼坏的意志。关于这点我不想长篇大论，但是有一点是非常清楚的，如果锻炼意志后去做坏事的话，那么保不定还会出现第二个、第三个石川五右卫门。因此，在锻炼意志之前，很有必要先用常识来进行一番自我问答，然后再去行动，只有这样，在今后的为人处世方面才不会出现太大的差错。

总而言之，锻炼意志必须先要具备常识。有关如何培养常识，前面已经提过了，这里就不再一一列举。然而，锻炼意志的思想基础还是孝和忠。有了立足于孝和忠的意志，就能使事情有序进行，无论事情大小都能经过深思熟虑做出判断。做到了这一点，你也许就不会对锻炼意志有不满的地方了。

然而，在现实生活中，也常常会有一些出乎意料的时候。比如，在跟人交流的时候，突然必须说一些得体的话，但却没有足够的时间去考虑，又要在短时间内做出恰如其分的回答。这种时候，如果平时不注意锻炼意志，就很难做出明智的判断，结果往往会说一些事与愿违的话。如果平时经常锻炼自己的意志，并把锻炼意志作为自己的习惯，那么无论什么时候，你都能处变不惊，从容应对了。

子曰：德之不修，学之不讲，闻义不能徙，不善不能改，是吾忧也。 ——《论语·述而》

第四章
仁义与富贵

正确的生财之道

我们应该怎样正确理解实业呢？当然，社会上所有做生意、开工厂的人都是以营利为目的，如果不是这样，那么他们做的一切就没有什么意义了，而且也不会给社会带来任何好处。话虽如此，如果做生意和开工厂的人，一心只想着赚钱、追求自身的利益，而不管他人的死活，那又会有什么样的结果呢？这是个很难说清楚的问题，但可以肯定，如果真的都是这样的话，那么就会变得像孟子所说的："王！何必曰利？亦有仁义而已矣。"孟子还说过："上下交征利而国危矣。"（《孟子·梁惠王上》）对这句话，我的理解就是，如果不以仁义道德为出发点的话，那么真正的生财之道也是走不远的。

当然，如果真的只坚持这个原则的话，也许会使人产生轻利、寡欲、超然处世的观念。但坚持这种价值观没有什么不对，因为人总是以自己的利益为出发点去行动，但这样的话，仁义道德又会被忽视。如果一个社会缺乏必要的伦理道德，那么也将慢慢衰退。

早在一千多年前的宋朝，那时的学者们也曾主张用仁义道德来治国，为了坚持社会的正义而强调道德，这本身是件好事，但他们只会空谈，说什么"所有的事情应该按照这样的顺序来发展"，完全将利益置于脑后，其结果是使整个国家陷入困境。宋朝末期，战乱不断，最终蒙古人打了进来，元取代了宋。

因此，利益和仁义道德必须相互协调，空谈仁义道德不会带来真正的正能量，只会削弱生产力，挫伤国家元气，最终导致国家灭亡。这就是宋王朝的悲剧给我们带来的深刻教训。

但如果只顾自己的利益而不管他人的死活，这样做又会怎样呢？其实元朝的某些部分正是这样的，只要对自己有利就好，国家跟我没关系，其结果，国家不能很好地运作，并逐渐丧失权威。几乎没有人去想"没有国家，哪来小家"这类问题。

宋朝偏重空洞的仁义道德理论，致使国家灭亡，而如今利己主义开始重新抬头，也同样会带来国家民族存亡的问题。总之，协调好利益与仁义道德这两者的关系，才能使国强民富成为现实。

比如，那些经营石油、制粉，或者人造肥料等行业的人，如果没有追求利益的观念，一切都顺其自然，那么他的事业是不会有什么发展的，财富也是不会增长的。换句话说，如果一项工作跟自己没有利害关系，做好做坏都对自己毫无影响，那么这项工作就不会做好。反之，如果是自己的事业，就会尽心尽力使其获得发展，这是不争的事实。但是，如果人人的脑袋里装的尽是自己怎么赚更多的钱这样的念头，那么其结果也必然是大家都陷入悲惨的境遇里，无一幸免。

要是在过去落后的年代，只顾自己也许能侥幸逃过一劫。但社会在发展，很多事情都要讲究个秩序。比如，在火车站检票口，如果大家都想自己先过去，那么狭窄的检票口就只能是你挤我、我推你，结果就是谁都过不去！这个例子告诉我们，人不能只考虑自己的利益，而要从集体的利益出发。

我希望，人们在追求更多利益的同时，应该以仁义道德为标准，否则，也会像前面提到的只讲标准、不讲利益的宋王朝那样走向衰亡。如果欲望违背了道德理念，那就会走向孟子说的"不夺不餍"的结局，即不夺取全部不会满足。

金钱的效力在于人

自古以来，有不少关于金钱的格言和警句。有诗云："世人结交须黄金，黄金不多交不深。"黄金被看成是能支配友情这种精神世界的力量。当然，东方社会自古以来都是重视精神，鄙视物质的，友情要是真的被黄金所左右的话，会被看成是精神的堕落。但是，我们日常生活中却常遇见这样的问题。例如，开联谊会聚餐，这个过程能增进友情。对于久别重逢的老友，想要畅所欲言，就必须有好酒好菜相伴，而好酒好菜自然离不开金钱。

俗话说："佛也靠钱放光彩。"你投十钱，佛就放十钱的光，你投二十钱，佛就放二十钱的光，佛也跟你明算账。又有，"有钱能使鬼推磨"。这些话虽是讽刺，不过也说明了金钱的作用之大。同样，去东京站买火车票，无论你是有钱人还是穷小子，买了三等票，你就只能坐三等车厢；而买了一等票，就可以坐一等车厢，这也是金钱在起作用。总之，我们不得不承认金钱的力量。大家都知道，不管你花多少钱也不能使辣椒变甜，但却可以用无限多的糖来消除辣味。类似这种例子已经屡见不鲜，在政界更是数不胜数。

不过，金钱本身是无罪的，你可以善用它，也可以恶用它，这完全取决于用它的人的动机。对于是否应该拥有金钱，不能一概而论，但对不能辨别善恶的金钱来说，你用好了，它就变成了善的东西；你用坏了，它就变成了恶的东西，这完全取决于使用者的人格。我经常向人介绍昭宪皇太后①的一首和歌："黄金随人心，是福亦是祸。"寥寥几个字，道出了金钱的本质，令人佩服至极。

古人的金钱观中还有这样的句子："小人无罪，怀玉其罪""君子财多损其德，小人财多增其过"。《论语》中也有这样的说法："不义而富且贵，于我如浮云""富而可求也，虽执鞭之士，吾亦为之"（《论语·述而》）。《大学》里也说过："德者本也，财者末也。"这样的警句格言不胜枚举。

我之所以要引用这些警句格言，绝对没有轻视金钱的意思，只是想告诫大家，在为人处世时要想做一个真正的人，就要对金钱有个清醒的认识，过分重视或轻视金钱都是不对的。孔子说过："邦有道，贫且贱焉，耻

---

① 译者注：昭宪皇太后（1849—1914），原名一条美子，1867 年与明治天皇完婚，明治天皇驾崩后被封为昭宪皇太后。她在日本进入明治时代后，建立了日本皇室的新式教育，并积极发展女子教育。此外，在红十字会和军事救护上，也做了很多贡献。政治上，她以杰出的交际能力为明治天皇提供了很多帮助。

也；邦无道，富且贵焉，耻也。"（《论语·泰伯》）孔子不是鼓励贫穷，而是说"不以其道得之，不处也"（《论语·里仁》）。

孔子的金钱观

依我之见，后来的儒家对孔子思想最大的误解就是对他的金钱观的理解。在他们看来，《论语》提到的"仁义王道"与"货殖富贵"是水火不相容的。他们认为孔子的意思是，富贵者无仁义王道之心，要成为仁者，就必须要舍弃富贵的念头。可我翻遍《论语》二十篇，也没有发现与上述意思相同的地方。

更准确地说，孔子对生财之道是有自己的一套的，但由于论述比较分散，后来的儒家们不能全面理解这些内容，只能断章取义地去解说，以至于误导后世。

《论语》中有一段众所周知的名言："富与贵，是人之所欲也；不以其道得之，不处也。贫与贱，是人之所恶也；不以其道得之，不去也。"（《论语·里仁》）于是，有人认为，这句话就是孔子轻视富贵的最有力的证据。其实，如果仔细思考一下，就会发现孔子并没有轻视富贵的意思，他只是在教导人们不要沉迷于其中。如果仅凭这一点就认为孔子厌恶富贵的话，那真是荒唐至极。孔子的意思是，获取不义之财，还不如安于贫困，君子爱财，取之有道，是值得推崇的。所以，孔子不是在轻视富贵，推崇贫穷。要注意，这段话最关键的地方是，"不以其道得之，不处也"。

《论语》里还有这样一段话："富而可求也，虽执鞭之士，吾亦为之。如不可求，从吾所好。"（《论语·述而》）这段话也经常被理解为轻视富贵的典型。你要是好好读一下的话，就会发现这里面丝毫也没有轻视富贵的意思。请注意，上半句的意思是，只要是用正当的方法获得财富，即使再卑微的事，我也愿意去做。下半句的意思则是，如果是用不正当的手段去获得财富，那我宁可过贫穷的生活。所以，孔子并不是在轻视富贵，而是鼓励人们要用正当的手段谋取富贵。

孔子为了得到金钱，甚至可以去做驾车的马夫，这点会令后人大跌眼镜吧。但事实就是事实，这句话出自大圣人孔子之口，毋庸置疑。然而，孔子说的富是指正当的财富，对于不义之财、不合理的财富，他是不屑一顾的，正如他自己所说："不义而富且贵，于我如浮云。"可惜的是，后来的儒者们并没有了解孔子真正的意思，只要说到富贵功名，不管善恶，就统统视之为坏的东西。这样的结论只能说是下得过急、过于轻率了。

记住，孔子提倡的是符合仁义道德标准的富贵功名！

防贫才是最重要的

我一向认为，救济贫困与其从人道主义的角度出发，还不如从经济的视角去处理。现在我更认为，这个问题还可以上升到政治层面来实行。

前几年，我的一个朋友专门去欧洲考察那些国家救济贫困群体的情况，一待就是一年半。我因为给他的考察提供了一些资助，所以在他回国后就召集了一些志趣相投的朋友来听他做报告。他说，英国在救济贫困这一事业上，已经有三百多年的历史，但也刚刚有点起色；丹麦做得要比英国好一些；而法国、德国以及美国等也在以各自的方法努力去解决这个迫在眉睫的问题。听了欧美国家救济贫困的报告后，我觉得，这些国家在很久以前就已经开始努力在做我们现在想要做的事情了。

在朋友的报告会上，我也谈了一些个人的看法。我说："不管是从人道主义的角度，还是从经济层面出发，救济弱者都是我们必须要做的一件事。从政治的角度来说，更不应该忽视对弱者的保护。但是，我们的救济活动应该重视如何防止贫困这一点，而不是让这些受助的人等着吃白饭、什么事也不做，也就是说不能采取直接保护的措施。作为救济方法，比如，可以减轻底层群体的纳税金额，因为这个跟他们有直接的利害关系。还有，取消政府的食盐专卖政策，这些应该都是不错的方法。"

这次报告会是在中央慈善协会的支持下召开的，会员们都一致表示同意我所说的话。从那以后，为了找到具体方法，大家开始行动，现在正从各个方面展开调查。

即使个人的财富是千辛万苦挣来的，但仅把这些财富都看作是一人专有，那就大错特错了。因为，仅凭一个人的力量是积累不了这些财富的。要是没有国家、社会提供的帮助，你无法获得个人利益，也别想过得太太平平。因而，一个人财富越多，也就意味着他受到国家和社会的恩惠越多，为了报答社会，就有义务加入救济贫困的行动中，为社会尽自己的一份力。正如孔子说的："己欲立而立人，己欲达而达人。"（《论语·雍也》）我们越是爱自己，就越应该以同样的爱心来回报社会。所有富起来的人都应该首先从这一点开始做起。

今年秋天，天皇陛下特意下旨为贫困群体颁发救济抚恤金。对于陛下的洪恩，有钱人是不是也应该做点什么来呼应呢？哪怕只是万分之一也好。这也是我这三十年来的夙愿，如今终于有机会实现了。在听到圣旨的那一刻，我顿感日本救济贫困事业的前途一片光明，喜悦之情无以言表。

同时我也在想，什么样的救济方法才是最恰当的。那种让穷人一夜暴富的方法是万万不可取的，不然，慈善就不是慈善，救济也不是救济了。此外，我们还要注意的是，有些有钱人为了装得自己很听天皇的话，而将资金投入慈善机构，但其实只是沽名钓誉、往自己脸上贴金而已。这样的慈善事业也许能取得一点成功，但是这种缺乏诚意的做法只会被别有用心的人利用。总之，把回报社会作为自己义不容辞的责任来完成，这也是在为维持社会秩序、确保国家安宁做出贡献。

金钱无罪

陶渊明有这样一句诗："盛年不重来，一日难再晨。"朱熹也说："少年易老学难成，一寸光阴不可轻。"以上这些话都是在告诫我们，尤其是年轻人，要珍惜时间，切莫沉溺于空想和诱惑，因为时间一晃而过。到了我这个年纪，也经常感慨青年时代真是过得太快了，岁月流逝，如白驹过隙，转瞬即逝，无法再回去。青年朋友们要以此为鉴，不要重蹈我们老一辈吃后悔药的覆辙。年轻人的勤奋，关系到国家的兴旺发达，因此，凡是有所成就的人，都需要在青年时代立下志向。

说到下决心，有很多方面值得我们注意，特别要注意的是金钱问题。现在社会的组织关系越来越复杂，俗话说，无恒产者无恒心，所以在复杂多变的社会上，如果对金钱没有足够的认识和警惕，就很容易迷失方向，以至于出现过失。

金钱是宝贵的，但同时也是卑贱的。说它宝贵，是因为它象征了我们劳动的成果，并且通过签劳动合同，能够用劳动的报酬去换取生活所必需的物品。当然，这里所说的金钱并不仅仅是金银货币与纸币，而是泛指可以衡量一切的金钱，所以金钱也可以被看作是财产的代称。在本章前面，我也提到了昭宪皇太后陛下的和歌："黄金随人心，是福亦是祸。"这首和歌尖锐地指出了金钱的本质，令我佩服不已。

中国古代社会有鄙视金钱的风气，如《左传》中说："匹夫无罪，怀璧其罪。"《孟子》里也有借阳虎之口说："为仁不富矣，为富不仁矣。"阳虎并不是一个值得敬佩的人，但他所说的一些话在当时被人们当作至理名言。此外，我们也经常在古代的书籍中读到"君子财多损其德，小人财多增其过"这样的句子。总之，自古以来，鄙视金钱成为一种风气，认为金钱是君子不可接近、小人也要回避的东西。其实，古人这样说也是为了矫正世人贪得无厌的坏毛病，结果走向了极端。所以，年轻人一定要了解这一点。

以我的人生经验来看，《论语》与算盘是不矛盾的！孔子在传授道德的过程中，对经济也是很关注的，这一点在《论语》各篇中都能找到，而且在《大学》中也专门讲到了生财之道。治理国家需要财政收入，普通老百姓的衣食住行也都离不开金钱，而治国治家，首先需要道德理念，因此如何协调经济和道德之间的关系，这点就变得尤为重要。作为一个实业家，我一向致力于协调经济和道德的关系，为此，《论语》和算盘可以帮助我更方便地来讲道德和经济协调的重要性，也可以使大家容易在平时的生活中注意到这一点。

以前，不仅在东方，就是在西方也存在过鄙视金钱的风气。这是因为，一谈到经济，首先就会考虑得失，就会破坏谦让和清廉的美德。而普通的人更容易在这个问题上栽跟头，为未雨绸缪，自然就有人搬出鄙视金钱的观念，久而久之就形成了一种社会风气。

　　我记得某家报纸曾刊登过亚里士多德①的一句话："所有的商业皆是罪恶。"虽然这种说法很极端，可是细细品味，也能明白：一切商业行为都是有得失的，人容易被利益所诱惑，致使偏离正道，迷失方向，背离社会道德。因此，作为一个警示，才有了这么极端的表达方式。人性的弱点在于容易关注物质利益，而忽略精神追求，最后沦为物质至上、道德败坏的人。以前的人因为学习得少，了解的东西自然也少，以至于陷入罪恶后不能自拔。因此，金钱很容易被看成是万恶之源，社会上也越来越看不起金钱。

　　随着社会的进步，知识丰富、道德高尚的人越来越多，社会大众整体的素质提高了，因而对金钱的认识也有了相应的改变。用正当的手段获取财富的人越来越多，这也使人们对金钱有了更正确、更公正的认识。

　　但如前面所述，人性是有弱点的，有的人在利益的驱使下，把道德、公平抛在一边，盲目地追求金钱至上主义，长此以往，就出现了金钱万能论。虽然责任在个人，但是结果是使大众更加重视金钱，这也一次又一次让我们去回味亚里士多德的那句话。

　　所幸随着社会的进步，人们对于金钱的观念也在不

---

① 译者注：亚里士多德（前384—前322），古希腊人，历史上最伟大的哲学家、科学家和教育家之一。

断改善，用正当手段获取财富成为主流。尤其是在欧美地区，"真正的财富是在正当的活动中获得的"这样的观点正逐步被人们所接受。我希望日本的青年人能够深刻理解这一点，千万不要因为金钱而迷失人生的方向，要用合乎道德的方法，实现金钱的真正价值。

什么叫滥用金钱

　　人们一提到御用商人几乎都会嗤之以鼻，好像御用商人就意味着罪恶。如果有人被叫作御用商人，大多含有贬义的意思。当然，如果我们被这样叫的话，也会很不愉快。在一般人的心目中，御用商人就是指利用金钱向当权者行贿、毫无诚信、缺乏廉洁品质的人。

　　据我所知，无论是海外还是国内，做我们这一行的，大多是实力雄厚的人，他们懂道理、重情义和讲信用。这样有自信和实力的人，通常都是明辨是非的人，在面对官员不正当的要求时，他们是不会俯首帖耳的。当然，也许是担心在生意上会发生什么麻烦，在正当的买卖之外，也免不了有些小动作。

　　但是，像先前被爆料的海军受贿那样的大宗事件，如果不是在双方臭味相投的情况下，是绝对不会一拍即合的。总之，一个巴掌拍不响，如果一方行贿，可另一方坚决不收，那也是没有办法的。但是，政府官员中也会有些心存不轨的人，他们会委婉甚至露骨地要求贿赂。一个实业家如果凭良心办事，以诚信为重，就绝不会答应这种要求，甚至不得已推掉这笔交易，也不愿意背上这口黑锅。我相信，这是一个真正的实业家应该坚守的立场。

但是，从海军受贿事件来看，无论是军舰也好，军需品也好，凡是与军购有关的项目都出现了受贿行为，不单单只有西门子一家公司，据说在购买主要产品时，发生了一连串贿赂行为。不仅海军，就连陆军方面也时有这样的事发生。更令人气愤的是，所采购回来的产品，其质量低于其标价应有的品质，而且还混有次品。为什么会出现这样的情况，实在是令人匪夷所思。

《大学》中有一句话说："一人贪戾，一国作乱。"意思就是，如果任由贪污腐败的行为蔓延，由小及大，最终会导致整个社会一片混乱，这是非常可怕的。以前，我以为行贿受贿这样的事情只有外国才会有，日本是不会发生的。但是，当听说三井公司的人因为涉嫌行贿而被捕时，我很痛心。之所以会发生这样的事，我认为，这正是没有把仁义道德和经济利益放在一起的缘故。如果一个做生意的人把用正当的手段谋取利益作为信念的话，外国人暂且不论，可以断定的是，日本的实业家就不会做出这种不当的行为。

如果对方受贪欲之心的驱使，委婉地流露出需要贿赂的暗示，或者干脆明目张胆地提出来，对于这种与正义相左的行为，作为商人，我一定会严词拒绝。如果有了这样一个行事准则，相信行贿受贿这样的事一定会大大减少。我深切地体会到，实业家的人格有待提升，如果实业界无法根除这种不正当的行为，那国家的安全则将岌岌可危。

树立正确的义利合一观念

社会上的事，总是有利必有害。西方文明进入日本，一方面为日本的物质文化发展做出了很大的贡献，另一方面也不可避免地带来了一些不利的影响。也就是说，我们在引进新事物、享受它们所带来的恩惠的同时，它们也一并带来了毒害，这是一个不争的事实。比如，出现了像幸德秋水①那样拥有危险思想的人物，就是一个例子。

在日本，自古以来从未有过如此极端的思想，然而，今天之所以会出现这样的人物，也是由于日本已经

①　译者注：幸德秋水（1871—1911），明治时代的激进派社会主义思想家。1910 年 6 月，因策划暗杀天皇罪被捕，1911 年 1 月被处死刑。

走向世界的缘故。虽说走出去是必须的，但是从外面也会进来很多有毒的思想。因此，我们每个人都有责任和义务寻找去除这种病毒的方法。我个人认为有两种办法是可行的，一是研究产生这种有害思想的原因，然后开出一张行之有效的药方；二是培养健康的思想，尽可能地使自己不受有害思想的洗脑。

作为实业家，我们应该选择上述的哪种方法呢？说实话，研究有害思想不是我们做生意的人的专长。我们应该做的是要让所有的国民拥有健康的身体。有了健康的身体，才会有健全的头脑。这样的话，就算是再厉害的有害思想，也不能动摇我们的意志。

我一向认为，由于过去没有很好地把经商和仁义道德结合起来，因而才有了"为仁不富，为富不仁"这样的观点，好像重利就会轻仁，而重义就会失利，将义与利视为水火不相容的两方面，这是极不合理的。这种解释导致了一个极端的结果，就是：做生意的人可以不顾道德和责任，这种错误的想法多年来一直令我痛心不已。其实，这都是后人对孔子学说的曲解所造成的。凡是读过四书五经的人都知道孔孟提倡的是"义利合一"这个道理。

举个例子来说明一下后人是怎么曲解孔孟之道的吧。大家都知道，宋代大儒朱熹在《孟子序说》中说：

"外边用计用数，假饶立得功业，只是人欲之私，与圣贤作处，天地悬隔。"这句话很明显是在鄙视金钱与功名，与亚里士多德的"所有的商业皆是罪恶"如出一辙。换句话说，仁义道德是神仙做的事，而经商的人则可以无视仁义道德。

但是，这样的解释完全不符合孔孟学说的本质，不过是后世儒者们的信口开河而已。中世纪日本也曾盛行过这样的学说，甚至一提到这个问题就会令人想到那个时代的思想。可见这样的学说思想给日本带来了多大的危害。

误解孔孟的教义，其结果就是使投身于实业的商人们都变成了利己主义者。在他们心里，既没有仁义，也没有道德，有的只是不惜一切代价去赚更多的钱，甚至去钻法律的空子。这种金钱至上的经商活动给社会带来了很恶劣的影响。如果没有了法律，他们会变本加厉地去积累自己的财富。长此以往，贫富差距也会越来越大，社会发展也将止步不前。这正是长期以来曲解孔孟学说所带来的后遗症。

总之，随着社会的进步，实业界的竞争也越来越激烈，这是必然的结果。但是，在这种情况下，如果实业家只顾自己谋私利，而不管他人和社会如何，那么社会就会变成一个不健全的社会，各种危险的思想也将滋生蔓延开来。真到了那个时候，将由谁来承担这个责任呢？当然还是实业家自己。为了社会的健康发展，我们必须勇于矫正这种错误的思想和风气。我们的责任就是要以仁义道德为本，来推动经济的进步，树立正确的义利合一的观念。也希望对义利合一还有疑问的人可以尽快消除这个疑问。

富豪在道德上的义务

说我不服老也好，说我苦口婆心也罢，虽然我已经上了年纪，可仍然在为国家和社会朝夕奔波。即便是在家里，也有很多人会找上门来谈各种事情，其中未必件件都是好事，有来求捐助的，有来向我借钱要我帮忙做生意的、提供学费的，等等，数不胜数，也有无理取闹的。不管怎样，只要人来了，我都是会见的。社会之大，鱼目混珠，什么样的人都有，如果都拒之门外的话，就会把有才能的人也关在门外了，这对社会也是一种不负责任的表现。所以，在一般情况下，无论是谁，我都会一视同仁，并且带着足够的诚意一一会见。

中国有句古话："一沐三捉发，一饭三吐哺。"①

---

① 译者注：出自《史记·鲁周公世家》。

"一饭三吐哺"是指，大政治家周公在吃饭的时候，如果有客人来访，他就把嘴里的食物吐出来，出门相迎，等客人走后再接着吃饭。再有客人来访，他又是如此，以至于一顿饭前后吐了三次。而"一沐三捉发"的主人公沛公则是打下汉朝八百年基础的汉高祖，他模仿自己尊敬的周公，广交贤能，如果有客人在他早上沐浴后梳头发时来访，他就手握着头发去见客人。"三梳"就是指他为了接见客人，三次中断梳发。两句都是讲求贤心切的故事。

我不敢与周公、沛公相比，但在接见客人这一点上，我还是做到了以诚相待的。社会上很多人都认为接见客人是件很麻烦的事，因而懒得去做，尤其是一些所谓的富豪和名流，这种倾向很明显，他们的做法对社会的发展是不利的，他们也没有真正履行道德上的义务。

前些日子，我见了一个富家子弟，他刚刚大学毕业，因而来向我请教走上社会时应该注意些什么。我先跟他声明，很可能他的父亲会认为我讲的都是废话，然后跟他讲了下面这段话：

> 现在的富豪都只想着自己的事，对于社会上的事，都漠不关心，这不是好事。因为富豪也是依靠了社会的力量才成为富豪的。比如说，有人拥有很

多地皮，就把多出来的空地租出去，付租金的就是社会上的其他的人。而社会上的人拼命工作赚钱，赚得多了，自然会去买自己的地皮，这样，地皮的价格也随之上涨，原来拥有地皮的人也就会得到更多的财富，自然就成了富豪。

所以，富豪们应该清醒地认识到，自己的钱来自社会，应该反馈给社会才是。对救济社会、参与公共事业都应该以身作则带头去做。只有这样，社会才会日趋健全，同时自己的财富也能稳定增长。相反，如果一个富豪认为自己所赚的钱和社会毫无关系，对社会的公共事业也熟视无睹，那么就会演变成富豪与社会大众的冲突。如果社会大众对富豪怨声载道的话，那么就会出现罢工、游行示威等现象，导致无法挽回的损失，这是我们谁都不想看到的结果。所以，在谋求财富的同时，千万不要忘了回报社会，要切实履行自己的义务和责任。

我说的这些话，可能会让富豪们恨我多嘴，其实，只要我们一起去做的话，这也是一个能实现的愿景。但是，往往大多数的有钱人不愿意做这样的好事。最近，我在一群富豪们面前说，希望大家能多关心社会上的事，于是，有个富豪跟我说，他觉得回报社会是件麻烦的事情。有人把我的建议看成是件麻烦的事，所以，即便我多么热心地奔走呐喊，却总是达不到目的，这就是令人头痛的现实。

现在，我们正在带头计划要在明治神宫外围建一个公园，具体地说，就是在代代木或青山一带建一个很大的公园，里面有纪念明治天皇的图书馆，以及一些有教育性质的娱乐设施。预计费用将在四百万日元左右。我相信这是一件极有意义的事，只是要筹措这笔资金并不容易。所以，在这件事上，还需要岩崎和三井①出把力，同时，也希望社会上的其他富豪们能在这时站出来，为国家和社会做一点贡献，支持公共事业。

能挣会花

钱，是现在世界上流通的货币的通称，同时又是诸类物品的代表。货币的最大好处就在于它可以换来所有的东西。太古时代，人们进行的是物物交换，现在只要有货币，你就可以随心所欲地买自己想买的东西。货币的可贵之处就在于它所代表的价值，因此货币最重要的一点就是它必须与实物等价。货币的实际价值一旦减

① 译者注：此处指三菱财阀和三井财阀。

少，物价就会上涨。

此外，货币便于分割。比如，一个价值一日元①的茶碗，如果两个人各要一半，那是做不到的。如果通过破坏它来达到这个目的，那它也就失去了原有的价值。但是货币却可以，如果想要得到一日元的十分之一，就可以拿到十钱银圆。再者，货币能给东西定价。如果没有货币，就不能明确茶碗和烟灰缸的差别。如果说一个茶碗值十钱，而一个烟灰缸值一日元，这就是说，茶碗的价格是烟灰缸的十分之一。正是因为有了货币，才能明确地给这两样东西定价。

总之，钱是值得珍惜的。钱，不是年轻人才会想要的东西，而是所有的人都会去追求的东西。前面我已经说了，货币是物品的代表，那么我们就应该像对待物品一样对待它，珍惜它。据说大禹爱惜每件细小的东西。《朱子家训》里也说："一粥一饭，当思来之不易；半丝半缕，恒念物力维艰。"这就是说，一寸线，半张纸，甚至于一粒米都不能浪费。

关于这点，还有段广为流传的佳话。英格兰银行有一个叫吉尔伯特的人，这个人很有名。他年轻时到银行去面试，见到地上有一枚别针，就随手捡起来别在了衣

① 译者注：根据物价推算，当时一日元约为现在的 574 倍。

襟上。考官看见了，就问他捡到了什么。吉尔伯特毫无怯色地答道："一个别针掉在地上，我想它可能还有用，并且它就这样在地上也是很危险的，所以就把它捡了起来。"考官对他的这一做法非常欣赏，又问了他一些别的问题，最后一致认为他是一个有见地、有希望的年轻人，决定录用他。后来，他成了著名银行家。

　　总之，金钱是彰显社会力量的重要工具，珍惜它是理所当然的，在适当的场合消费它，也是很有必要的。能挣会花，才能推动社会的进步。促进经济发展，是所有有为之士的心愿。真正会理财的人，是既懂得赚钱之道，同时又会合理花钱的人。

　　一个好医生手里的手术刀可以救患者一命，但是，这把刀一旦握在坏人手里，就会变成杀人的工具。我们必须记住，要学会善用金钱。金钱既可贵又可卑，它的可贵完全在于使用者的人格高尚与否。但是，社会上的很多人往往曲解了金钱可贵的含义，只知一味地吝惜。如果你只知道挣而不会花的话，就会变成一个守财奴。

　　所以，我希望青年朋友们千万要记住：既不要大手大脚地浪费金钱，也不能变成吝啬的守财奴。

第五章
理想与迷信

理想要切合实际

　　谁也不想打败仗，但把国家的实力全部用来对付战争也是没有道理的。从当前的局势①看，我们虽大可不必担心，但对于恢复和平之后，实业界该做些什么，这是我们应该考虑的问题。也许会产生许多意外的变化，有可能好也有可能坏，总之是我们无法预测的。然而，即使如此，我们也要坚持自己的理想。即使事与愿违，有自己的信念仍然是很重要的，坚持自己的信仰和主张，凡事三思而后行，就定能少犯错误。撇去战争这样的突发事件，人生在世，所有的兴趣和理想都应该遵循相应的规则和道德准则。商业的道德准则就是一个字——信。只有坚持以诚信为本，实业界才会有坚实的

---

① 译者注：指第一次世界大战。

发展。

在和平的年代，我们这些身处实业界的人责任将会更加重大，这不仅是对自己负责，还要对未来从事这项事业的年轻一代负责。合理安排未来可行的计划，这样才能使经济活动得到充分的展开，才可以使"国民抱有真正的希望，努力地投身于工作"，其实这句话是一个美国人对日本人的评语①。这个美国人通过对日本的观察，得出了这一结论，认为日本人是抱着希望积极工作的国民。对他的评论，我觉得很高兴。虽然我已经老了，可从心底希望我的国家能一天比一天繁荣富强，希望百姓能安居乐业，幸福快乐。我想，这也应该是我们所有实业家的共同心愿吧。

处在当今这样一个时局，要预测未来，就必须要深思熟虑，根据自己所经营的事业，制定出适宜的方针。要做到这一点，就必须遵守刚才提到的道德准则，即"信"。如果所有实业家都能做到这一点，相信在不久的未来，不仅财富会增长，而且国民整体的素质也会得到大大提升。当然，这不仅仅是对当前形势的有感而发，不管什么时候都要有以不变应对万变的心态，并要有一起来承担责任的觉悟，这样才能把握好时机。

---

① 译者注：指第二章开头部分美国梅比博士说的一番话。

109

做事需要热情

最近流行这样一句话："无论对什么工作，都必须保持兴趣。"如何定义兴趣，我不是学者，难以做出完美的解释，但是，我殷切希望所有的人都能对自己的工作保持兴趣。

"兴趣"一词，既指理想、欲望，也有爱好、享受的意思。从工作的角度来看，这个单词也可以理解为认真履行职责，也就是俗话说的"例行公事"。但是，我的理解不是这样的，如果你对某个工作感兴趣，就会从内心深处想要去把这个工作做好，也就是从自己的理想和欲望的角度去看工作，这才叫"有兴趣"。

我不清楚"兴趣"的确切定义，但我认为，一个人对自己所从事的工作，一定要抱有兴趣。如果每个人都有自己的兴趣，而且这种兴趣又是积极向上的，那么就能在日常工作中发挥好自己的才能。带着兴趣去工作的人往往都是精神饱满、有进取心的，而且工作的效率也很高。反之，对工作没兴趣就会觉得工作毫无意义，活得像行尸走肉。

据书上的健康养生之道的说法，人老了以后，生命虽然存在，但那不过是块肉体而已。因此，人即使老了身体也不灵活了，但如果依旧去思考人生的意义，那才是真正存在的生命。人是生命的存在，不是肉体的存在。这个道理对到了我这样年纪的人来说，尤其重要。

有时候，我们会说某某还活着，这大概都是指肉体还存在。如果这样的人多了，日本也就不会有生气了。现在的社会，包括一些名人，当我们问此人是否还活着，大多只是指肉体是否还在。所以，我们对自己所做的事情，不能仅仅把它看作是一个工作，还要对它保持足够的兴趣，去把握它、了解它。如果对工作失去了兴趣，那么人也会变得没有活力，就像木偶一样。因此做任何事情，必不可少的就是兴趣，即使不是事事如愿，但也一定会有与自己的理想相吻合的部分。

孔子有句话说得好："知之者不如好之者，好之者不如乐之者。"（《论语·雍也》）这才是兴趣的最高境界。

道德应该进化吗？

传统道德是否也会像其他科学那样逐渐进化呢？换言之，道德是否会随着文明的发展而进化呢？这种说法比较抽象，不太容易理解，我先前也提到过这个问题，即我们是以某种宗教或信仰来坚定自己的道德心好呢？

还是以某种理论的力量来维持道德或公德心好呢？也就说，期待用对道德的解释的理解来使自己维持道德心，这种做法真的是对的吗？其实，无论哪种解释都不能充分说明道德是不是有所进化了，更何况"道德"这个词早在中国远古的唐（尧）虞（舜）时代就有了，是自古以来君主所采取的重要统治手法，也就是说，道德是个历史悠久的概念。

进化不仅仅是指生物，以达尔文的进化论观点来说，古代的东西都是在不断进化的。随着科学的发明和生物的进化，很多事物都发生了变化。只是进化论往往被看成是对生物的说明，其实仔细研究的话就会发现，即使不是生物的部分，也会随着社会的发展而发生变化，甚至与其说是变化还不如说是在前进。难道不是这样吗？

曾几何时，古代中国开始提倡二十四孝，列举了很多行孝的故事来说明什么叫二十四孝。其中最可笑的是郭巨的故事。郭巨因为家里很穷，无力养活父母，因此想把孩子活埋了，好省下粮食给父母吃。在挖活埋孩子的坑的时候，他发现了一口锅，里面都是金子。这一来，他就不用活埋孩子，还能养活父母了。这个故事在当时被看成是孝德。如果换作今天，一定会有人说此人是脑子有毛病，蠢货一个。

还有一个故事《卧冰求鲤》，说的是晋朝有个叫王

祥的人，早年丧母，继母朱氏对他不好，常在王父面前
说他的坏话，他因此也失去了父爱。一天，继母朱氏想
吃鲤鱼，可恰逢天寒地冻，没办法捕捞。王祥知道后，
便赤身裸体地躺在冰面上，直至鲤鱼跃出冰面。这个故
事的真实性无从考证。如此做法就算是在尽孝道，但也
很可能在感动上帝之前，自己已经被冻死了，这岂不是
违背孝道吗？

　　当然，二十四孝里的故事多是虚构的，现在看来都
是些脑洞大开的例子。对做好事的评价，会随着时代的
进步发生变化。如果单从物质方面来看，没有电力、蒸
汽机的时代与现在已经没有可比性。如果说道德观念也
会随着时代的发展而变化的话，那么，过去我们推崇的
道德就有可能失去原有的价值。但是，我们已经知道，
无论今天的科学怎样进步，对事物的认知怎么变得越来
越丰富，对"仁义"的认识，不仅是东方，就连西方
社会也仍然是以几千年前的圣哲之言为标准，没有太大
的变化。如果我们承认这个事实的话，那么，他们所讲
的道德也不会因为科学的发展而发生变化。

消除矛盾与对立

　　法国有句俗语："强者总是有理。"随着文明的不

断进步，人们重视道德、爱好和平、厌恶战争的心情也与日俱增。换句话说，社会越进步，战争的代价也就越昂贵。如果每个国家都能对此有所醒悟的话，那么走向极端的战乱自然就会减少，而且应该减少。

明治三十七年（1904）前后，有个名叫格尔木的俄国人写了本名叫《战争与经济》的书。他认为，随着社会的进步，战争会变得更加残酷，而且战争成本也必然提高，所以，战争最终会消亡。我好像在什么地方看见过或听到过，当初俄国皇帝主张召开和平会议，就是相信了他这番言论。

如果全世界真的能认识到战争带来的灾难性后果，那么不久前的大战就不会发生了。大正三年（1914）七月底，各报纸都在争相报道战争的情况，我刚好要外出去旅行两三天，一个朋友来问我怎么看待时局的变化。我回答他说，从报上看，大家一定都相信战争已经爆发了，但是三年前发生"第二次摩洛哥危机"时，美国的乔丹博士特地给我发了一个电报来，说是由于听了美国著名银行家摩根的忠告，战争停止了。乔丹博士素来倡导和平，所以才会与我联系。虽然我对他的观点没有到深信不疑的程度，但我相信，随着社会的进步，人们思考问题的角度会更加全面，因此，战争必然也会减少，这也是人心所向。

对当今欧洲的战况，虽不了解详情，但也觉得非常悲惨。尤其是德国的行为，简直是野蛮到了极点，与文明完全背道而驰。究其根源，是因为道德无法成为全世界的普遍价值，最终导致了战争的爆发。你当然可以这样认为，政府的责任就是捍卫自己的国家。可是，难道我们就不能想办法制定一个统一的道德标准，使弱肉强食的行为销声匿迹？

如果一国的领导人和国民没有满足自我的欲望，那么也就不会发生如此残酷的战争。如果一方忍让，而另一方步步紧逼的话，战火势必会被点燃。这里面既有种族关系，也有边境问题。一国对另一国扩张势力，另一国奋起抵抗，战争就不可避免。总之，不能将自己的欲望强加于人，如果随心所欲、恃强凌弱，就会造成今天这样的局面。

文明的意义究竟何在？在我看来，今日的世界，依然不够文明。在这种情况下，日本应该何去何从？作为国民，我们应该有怎样的觉悟才好？是不是也要在这种不得已的情况下选择参与战争？难道我们真的除了奉行弱肉强食的主张以外，别无其他选择了吗？

对于这些问题，我认为，一般大众必须要有一个坚定的立场，坚决奉行"己所不欲，勿施于人"的思想，推广东方的道德价值，坚持和平，增进各国民众的幸福感。至少要在不给其他国家增加困扰的前提下，谋求本国的发展之路。我相信，如果能以增加全体国民的福祉为目标，放弃唯我独尊的想法，不仅在自己国内，在全世界也能实现这种真正的核心价值观，也就能避免今日之战争惨剧了。

两种人生观

人活着，如果没有目标，那就叫白活了。可目标究竟是什么？如何才能实现这个目标？对这些问题的看法，就和人的长相一样，因人而异。也许有人会想，只要充分发挥自己的才能或手腕，就能忠君孝亲、救济社会。但是，光有想法不去做是没有用的，必须要有行动。所以，要想实现这一目标，就得依靠我们平日里所学的知识，尽力发挥自己的长处。例如，学者要尽学者的本分；宗教家应履行自己的职责；政治家要明确自己的责任；军人则需要完成自己的任务。各行各业，各司其职，各显其能。这种时候，人们的心态与其说是为了自己，不如说是为了国家和社会。我把这个叫作"以国家为主，以个人为辅"的客观人生观。

反之，就像我在前面所讲的，有的人只考虑自己，对社会和他人的事情不闻不问。对于这种人的想法，也不是不能理解。大家都知道"人不为己，天诛地灭"这句话，凭什么要为了社会和他人牺牲自己呢？在"自己第一"的想法下做出的行动，都会以个人得失为重，而对社会上发生的事情则一概熟视无睹。比如，对自己借的钱，当然有偿还的义务；缴税也是为了让自己生存下去的手段，所以必须向国家缴纳税费。但是，为救济他人或者公共事业去捐款，因为对自己和自己的公司没有好处，只是在帮助社会和他人，就不去做。一切以自己为第一，社会和他人在次，并在人生中把自己的这种主张坚持到底，我把这个叫作"主观人生观"。

现在，我们来比较一下上述两者。如果人人都像后者那样，坚持自己第一，那么我们的国家和社会就会变得自私、粗鄙、落后，最终陷入无药可救的衰败中。相反，如果支持前者的想法，那么国家和社会就会日益繁荣昌盛，达到最理想的状态。

因此，我提倡客观人生观，反对主观人生观。孔子说过，"夫仁者，己欲立而立人，己欲达而达人"（《论语·雍也》）。我认为，不管是社会，还是个人，都要按着这个道理去做。听起来，这里面似乎有做交易的意思，即为了实现自己的欲望，先要忍耐，让利于他人。但孔子的真实意图绝非如此，他的意思是，先要成人之美，然后再实现自己的获得感，这才是君子应该有的行

117

为顺序。换言之，这才是孔子的处世哲学，我认为这是很有说服力的道理。

理想归一的思想

我们成立了一个名叫"归一"的协会。归一，就是归于一的意思。世界上的各种宗教观念、信仰等最终不都将归于一吗？神也好，佛也好，耶稣也好，讲的都是做人的道理。东方哲学和西方哲学所阐述的各种对事物的认识和看法，其实是殊途同归，最后都归于所谓"言忠信，行笃敬，虽蛮貊之邦，行矣"。反之，所谓"言不忠信，行不笃敬，虽州里，行乎哉？"（《论语·卫灵公》）则真是一句千古名言。如果一个人缺乏诚信，表里不一，不能笃敬，就算是亲朋好友也会离他而去。

西方的道德观念也是如此，区别只在于：表达上西方偏于积极的一面，而东方则要稍微消极一些。孔子说："己所不欲，勿施于人"；而耶稣则说："己之所欲，施之于人"。说法虽有不同，但都是在告诫人们要弃恶从善，一个从正面说，一个从反面说，道理都是一样的。深入研究之后，我发现一个宗教被分成各个宗派和门户，他们之间相互抨击、相互指责，这实在是不明智的行为。我虽然不能保证所有的思想都能达到归一的目的，但希望在某种程度上能达到一致，因而才成立了归一协会。

协会成立以来，已经有几个年头，成员中不仅有日本人，还有一些欧美人士，大家共同针对某一问题在进行研究，即仁义道德与物质利益应该互相融为一体，如何把这两者结合起来，这也是我在营商四十多年里一直提倡并付诸实际行动的课题。道理都知道，可社会上的反面例子屡见不鲜，这实在令人无可奈何。

对于我的主张，和平协会的保罗先生、井上博士、盐泽博士、中岛力藏博士和菊地大麓男爵都表示赞同，认为即便不能完全归一，但能达到某种程度的归一也是可以的。世上的事，有的时候会偏离正道，错的是这件事本身，真理是不会因此而改变的。

也许有人会搬出前人的做法或说法，但是如果不能把仁义道德和物质利益统一起来，就不能创造出真正的财富。这也是协会里成员基本一致的看法。如果我们能把这个主张彻底推广开来，在社会上普遍形成经济利益必须和仁义道德结合在一起的概念，那么也就不会再发生道德沦丧的事情了。例如，负责购买公家物品的人如果认识到收取贿赂是违反仁义道德的，就不会这么去做了；而商人能认识到行贿是违背仁义道德的，也就不会再有行贿这样的事了。

要是能再进一步，把这种关系延伸到政治、法律、军事等领域，一切事情就都能与仁义道德相结合。只要一方能遵守道德行为标准，从事正当的买卖交易，那么另一方也不能为所欲为，这就是所谓的一个巴掌拍不响。社会上的事都是紧密联系在一起的，如果双方都不遵守仁义道德，就一定会产生不堪设想的后果。如果能让社会上的一切事情合乎仁义道德规范，那么也就不会再发生贿赂那样肮脏的事了。

日日新的必要

社会一年年发展，学问也在不断更新。社会处在日新月异的变化中是当然的，但久而久之，很多事情，好的会变成坏的，有利的会变成不利的，社会也会失去活力。对此，《汤盘铭》中有相关表述"苟日新，日日新，又日新"，这句不经意的话却很有意思。一切事物一旦流于形式，精神也会随之丧失，这句话就是指凡事都要经常更新。

今日政界的无所作为，正是流于繁文缛节的结果。官员们都只看表面，而不深入研究事情发生的真正原委，每天只是满足于机械地处理上司分派的工作。这种风气并不只出现在政府部门，企业、银行等也是如此。一般说来，这种形式主义的作风在生机勃勃的新兴国家里应该是很少发生的，而多发生在死气沉沉的封建国家。幕府统治的垮台也正是这个原因。按照"灭六国者，六国也，非秦也"的说法，灭幕府的正是幕府自己。

我一向没有什么宗教观念，话虽如此，但并不意味着我没有信仰。我的信仰就是儒教，它规范着我的一言一行。"获罪于天，无所祷也"，这对我个人可以，可对于一般民众恐怕不行，毕竟知识程度较低的人，还是需要宗教的。然而时至今日，天下人心既没有归一，宗教也只是流于形式，空洞无物。面对这样的情况，我们必须设法转变，不能听之任之。

我认为，必须要建设一些好的教育性设施。现在迷信成风，有的人还因此倾家荡产。宗教家如果不奋起扭转局势，这种情形只怕会越来越猖獗。西方有句话："信念强，则无需道德。"所以，必须要让民众保持坚定的信念。

有人把利己当作经商的目的，只要对自己有利，是不是给他人添了麻烦都无所谓。因此过去的人认为，道德与利益互相对立，就好像水火不相容。这是极其错误的想法，我们不能再让这种旧思想横行霸道了。明治维新以前，上流阶层或者士大夫一类人，都自我标榜不会去追求利益，认为只有人格低下的人才会去追名逐利。这种想法在今日虽有所改观但是仍有残留。

孟子也认为利益与仁义道德应该是一致的，但后来的学者却分裂了两者之间的关系，由此带来的后果就是，成仁则不富，成富则不仁。商人被看作奸商，备受鄙视，地位也在九流之下；士者不屑与此为伍，而商人也自甘卑躬屈膝，只想着赚到钱就好。日本经济界的发展也因而落后了几十年，甚至上百年。今天这种风气虽淡去，可还未彻底消失。为了把利益与仁义结合起来，我将继续举着《论语》与算盘进行指导。

巫术的失败

在我 15 岁那年，我的一个姐姐出现精神方面的疾患，那年她才 20 岁，正是青春年华，可她的言行却没有女性的文雅和柔美，语言粗俗不堪入耳，甚至狂态毕露。父母和我都为她担心，但女人的事也不方便由其他成年男性来照顾，照顾姐姐的任务就落在了我这个弟弟肩上。我跟在疯疯癫癫的姐姐后面不让她乱跑，虽然经常被人笑话，但还是尽心尽力地地照顾着姐姐，后来左邻右舍也开始夸我了。

　　姐姐的病情不仅让我们一家人为之忧心，同时也牵动着亲戚朋友们的心。特别是父亲本家宗助的母亲，是个非常迷信的人，总认为姐姐的病是由于家中有鬼怪在作祟，就劝我们去请法师来做法驱魔。父亲素来就反对迷信，根本不相信这世上有什么妖魔鬼怪，不理她，还准备带姐姐去上野的室田疗养院休养。室田那边有著名的瀑布，据说病人只要在瀑布下面洗洗就能康复。但有一天，趁着父亲不在家，宗助的母亲说服了我的母亲，请来法师做法驱魔。我和父亲一样，从小就讨厌迷信，当然极力反对，可悲的是母亲她们根本就不把我这个15岁小孩子放在眼里，甚至连说话的机会都不给我。

　　先是两三个巫女来做准备。因为还需要一个人坐在她们中间，所以就让家里新来的女佣担任这个角色。她们在室内挂上稻草绳，装模作样地准备好了一枚所谓的"御币"。端坐在中间的女佣被蒙上眼睛，手里握着这枚"御币"。一切准备妥当后，巫女们便开始煞有介事地念诵各种经文，其他信徒也都随之高声诵读起来。他们念的好像是一种叫"远加美"宗教组织的经文。

　　坐在中间的女佣，刚开始像是睡着了一般，而后又时不时地摆弄起手里的"御币"。见状，巫女们立刻解下女佣的蒙布，在她面前低头问道："何方神圣附身降临？请赐神谕吧！"接着又问："这家的病人是被什么鬼魂附体了，请告之！"坐在中间的女佣傲慢地答道："这家金神①和井神在作祟，还有孤魂野鬼也在作祟。"

在场的众人，尤其是宗助的母亲最为得意，忙说道："你看，神灵说得多准啊！我以前就听老人说过，这家里曾有人去伊势神宫参拜，可再也没有回来。想必是病死在途中，变成了孤魂野鬼，现在回来了，肯定是他在作祟了。神灵说得多准啊！这就好了。"然后，巫女又问女佣应该如何驱除鬼怪，女佣答道："建立一个祠堂，加以祭祀才行。"

我因为从一开始就反对这件事，所以对于整个法事的过程都格外留心，想看出有什么破绽。一听到野鬼，我就问："这大约是多少年前的事？不管建祠还是立碑，不弄清楚时间是不行的。"于是，巫女又问了女佣一番，女佣答道："大概五六十年以前。"我又追问："当时是什么年号？"她答道："天保三年左右。"众所周知，天保三年距当时不过 23 年，根本就不是什么五六十年前。于是，我转身问巫女们："你们也听到了，如果真有神灵，就会很清楚这个孤魂野鬼的事了，可怎么会连他出事的年号都弄错呢？这么简单的事情都会弄错，这种神有什么灵的？完全不足取！"我毫不客气地

---

① 译者注：日本传统阴阳术中的一种神。

指责了她们。

宗助的母亲不满地打断我的话，说："你竟敢亵渎神明，当心灾祸降临。"但是，她也没再说下去，周围的人也都冷冷地看着巫女。巫女尴尬地说："没关系，可能是什么别的野狐来了！"既然是别的野狐来了，那也就用不着建祠堂祭祀了。巫女瞪了我一眼，似乎在警告我说："好小子，有你好看的时候！"我却不以为然，得意地笑了出来。

从此以后，宗助的母亲也不再参与这个迷信团体的活动，村里也不再让巫女进村了。

真正的文明

文明和野蛮是相对的。什么情况是文明的？什么情况是野蛮的？要分清这两种情况，不是一件容易的事情，需要通过比较来分析的。比如，某种文明，如果从另一种更先进、文明的角度来看，就成野蛮了；同样，某种野蛮，从另一种更野蛮的角度来看，也许就成了文明了。

今天，我们看这个问题，就不能只是空洞地谈理论，而是要用事实说话。当然，只谈一个乡、一个市的话，由于文化程度不一样，而且范围也有限，不太好做比较，所以，我们就以国家为单位进行比较。说实话，我对世界各国的历史和现状，并没有做过深入的调查，因而不能说得很详细。但是，对于英国、法国、德国、美国等这些先进国家还是有所了解的。那这些国家的文明是什么呢？我认为，这是指有明确的国家体制，还要有完善的制度、基础建设、法律以及教育等。

但是，具备了上述的条件，还不能称之为文明国家。因为在条件齐全的基础上，还必须有保证国家能正常运转的实力。所谓国家的实力，首先应该提到军队，当然，其他如警察制度、地方政府也都是其中的一部分。在充分具备了这些条件之后，还要保持彼此之间的平衡与协调，并保持互相联系，不偏不倚，使之统一发挥作用，只有这样才可以称得上文明。换句话说，不管一个国家制度有多么完善，如果管理与操控这些制度的人没有足够的知识能力，那也算不上是真正的文明国家。

我刚才也提到了，各种条件都具备，而运作的人不够资格的情况还是不多的。但是，有时候，表面上看似没有问题了，其实也有可能基础根本不扎实，即所谓的优孟衣冠、东施效颦。因此，真正的文明是指各种制度条件都已齐全，所有的国民也都拥有相应的人品和知识。只要进入了这样的文明社会，解决贫富问题就绝非难事，因为财富的力量来自高度文明。

然而，形式与实力有时候未必一致。形式上看似已经文明了，但实力却还不够，这种不均衡的情况也时有存在。所以，我要说，真正的文明必须兼有强大的实力和坚实的财富。

一个国家的进步总会有停滞不前的时候，纵观从古至今的实例，大多是先发展文化，再发展经济实力。甚至有很多国家是先发展兵力，而财富积累滞后。从日本目前的实际情况来看，我认为正属于这种情况。日本在国家体制建设方面已经走在世界前列，特别是在明治维新以后，由辅弼贤臣大力推动，各种基础设施建设也日趋完善，这是不争的事实。但与之相匹配的财富是否也达到了同样的程度呢？遗憾的是，不得不承认，由于时间太短，还没有达到相应的程度。强大的实业，非一日之功可以实现。

与建设完整的国家体制相比，日本的财富积累还远远不够。但如果每个国民都努力去创造财富的话，还是大有希望的。国家虽小，但并不妨碍创造财富的方法出现。只是要注意，必须先学会怎么用好国家的财富。为了建设彰显国家实力的设施，而以牺牲财富为代价，这实在是令人忧虑的事情。

要想成为一个文明的国家，不能光靠积累财富；要彰显文明的力量，牺牲一部分财富也是不得已的。换句话说，为了保持一国的体面，并谋求未来的兴盛，扩展军事力量也是必要的。同时，内政、外交方面也需要一定的支出。要使国家强大，就必须要耗费一定的财富，但过分偏重于发展某一方面的话，就会削弱文明的进步。如果文明落后了，那治国的种种方略也就形同虚设，而且用不了多久，国家就会由文明变成野蛮。

由此看来，要使文明成为真正的文明，就必须让财富与国力两者保持平衡。目前，日本最令人担忧的就是，为了扩张国家的规模，不惜耗费多年来累积下来的财富。所以，我认为，必须要文武协调、上下一致，这样才能保持国家的平衡发展。

发展的第一要素

明治时代是一个吸收新事物、改造旧事物、不断谋求进步的时代。虽然不能说已经进步到了登峰造极的地步，但是，对于一个长期闭关锁国、没有接触到西方发达文明的国家来说，能在这短短的四五十年时间里，逐渐采用取彼之长、补己之短的策略，使某些方面能够取得毫不逊色的成果，也算得上是很大的进步了，这也是在明治天皇的英明领导下，各级官员的努力加上全体国民的辛勤奋斗，才最终实现的成就。

从明治时代过渡到大正时代，有些人认为，艰苦创业的时代已经过去，现在进入了守护成果的时代了。但是我认为，我们不应该满足于这些小小的成就。日本国土面积小，但人口众多，而且还在持续不断地增长。因此，我们在治内的同时也要考虑向外发展。因为耕地面积小，所以必须寻求改良耕地的方法。比方说，我们通过改良种子，再追施氮肥、磷肥等优质肥料，推广集约型的农耕法，这样的话，一块原先只能收五草袋①的上等田地，就可以增收到七草袋，下等田地的农收甚至可以多增加一倍。过去不能种植的早稻，使用人造化肥，一亩地也能收五至七草袋。耕地面积虽小，但我们不能忽视土地的有效利用。此外，开发北海道或者其他新的疆域也需要投入资金和劳力，要尽可能地去开创一些力所能及的事业。但是，有限的东西总是有限的，日本必须要考虑向海外开辟新的发展道路。

要去海外发展，那么我们应该从什么方面去选择呢？我认为，最自然的考量就是去选择最能获得利益的地方。比如，气候适宜、民风朴实、土地辽阔、对外来户宽容等因素就很重要。不过，现在，我最担心的是美

---

① 译者注：一草袋约为 60 公斤。

国与日本的关系。两国出现今天这样的对立局面，实在令人遗憾。虽然这是由于对方太傲慢、不讲理造成的，但是事情发展到今天的地步，我们也有必要进行反省和沉思。这些问题由国家层面进行交涉，我在此也不方便多谈，但是，国民所期待的是，不管在什么地方，我们都要有大无畏的勇气和忍耐力，开辟大和民族走向世界的发展之路。同时也要记住，发展的同时，不要被其他民族所厌恶，这是对外发展的第一要素。

急需正本清源

动荡的时代过去了，日本在维新的重大改革后迎来了新的局面，打破了统治者与被统治者的界限。商人的活动范围也从原先狭小的范围，开始向世界拓展。此外，即便是日本国内的商业活动，主要商品从运输到仓储，也由先前的政府负责管理变成了现在的由个人来负责。对于商人来说，这无疑是一片全新的天地。

但是，对今天的商人来说，接受相当程度的教育变得更为重要。商业也好，工业也好，在学习的环节上都必须要具备一定的地理、历史、商业等文化知识，这样才能使商业更加繁荣，也才能从世界各国吸收最先进的知识，但现在的实业教育里面还没包括道德教育。甚至可以说，是没把道德教育当一回事。也有很多人认为，只要学习商务知识就行，因此，开始一味地追求财富的增加。应该承认的是，这当中确实有人实现了这个梦，一夜暴富的事也并不鲜见。在这些利益的刺激和诱惑下，人人都有了一个发财梦，"向钱看"的社会风气日益猖獗，这就造成了富人越来越富、穷人越来越穷的现象。仁义道德被看成是旧思想，统统被扫地出门，风气败坏、堕落、混乱的现象丛生，见怪不怪。我认为，已经到了该正本清源的时候了。

那么，应该怎么正本清源呢？前面我们说过，一个用不正当的手段获取财富的人，最终就会变成唯利是图、道德败坏的社会败类。但是，如果过分憎恶这类行为，也可能达不到致富的目的。这就好比过分地反对男女之间的性行为，结果会使健全的恋爱也遭到禁止，太不合情理，而且也难以做到。批评实业界的腐败堕落，也是这样，要注意采取适当的措施，否则还会伤及国家发展的元气，造成更大的损失。所以，做好正本清源是一件相当困难的事。

如果在过去，统治者在重视道义的大义名分下，对从事生产财富的人加以限制，缩小其活动范围，说不定就可以减少这种弊端。可真这样做的话，只怕也会阻碍国家积累财富的脚步。因此，为了能真正地致富，而且又要保证这种财富来路干净，那就必须制定一个大家认同的准则，这就是我常说的仁义道德。仁义道德与物质利益是不矛盾的，明白了这个道理，我们就要好好研究如何才能坚持仁义道德。假如我们能够依照仁义道德行事，于国于民都是能增加财富的最好途径。

至于具体的方法，我就不一一举例来说明了，但请大家务必记住，仁义道德与物质利益是一致的。所以，发展经济应该把公益事业放在首位，不做损人利己的事情，所有人各司其职、各尽所能，在发展的同时，不危害国家、社会和他人。这样，正当劳动获取的财富才是自己的，也才能真正久远。如果真能这样，那么正本清源，也就能变为现实了。

子贡曰："贫而无谄，富而无骄，何如？"子曰："可也；未若贫而乐，富而好礼者也。"

子贡曰："《诗》云：'如切如磋，如琢如磨'，其斯之谓与？"子曰："赐也，始可与言《诗》已矣，告诸往而知来者。"

——《论语·学而》

第六章
人格与修养

乐翁公①的少年时代

乐翁公的生平事迹在日本可谓家喻户晓，所以也就不多说了，在这里只是想提一下他自己亲笔写的《拨云笔录》这本书。在这本松平家珍藏的笔札中可以看到乐翁公少年时的生活，同时也能看到形成他独特的人格和精神的原因。据他自己说：

"六岁那年，得了一场大病，多亏当时的名医，如高岛朔庵法眼等人来精心治疗，到九月，基本痊愈。七岁前，开始读《孝经》，学习日文假名。八九岁时，几乎所有的人都夸我记忆力强，有

① 译者注：即松平定信（1758—1829），江户时代的政治家，江户幕府第八代将军德川吉宗的孙子，曾参与国家的政治改革，但以失败告终。涩泽荣一也曾著有《乐翁公传》（1937年，岩波书店），可见其对松平定信是很崇拜的。

才华，我也自以为是。今日回想起来，深感惭愧。"

就是说，乐翁公小时候因为别人都夸奖自己是个聪明的孩子就骄傲起来，长大后才意识到那不过是别人对他的奉承。这一段使用怀旧的语调娓娓道来，令人觉得很诚恳实在。

接下来，他还提起了另一段往事：

"后来，我开始学《大学》等古典，老师怎么教，我都记不住。之后我才发现，那些赞誉之词不过是阿谀奉承而已。其实我的天资很差，记忆力也不怎么样。九岁时，我突然发现了这一点。现在回想起来，小的时候老是被别人夸奖，这很不利于一个孩子的成长。我还曾立志，十多岁时要扬名天下，要在全日本甚至全中国成为一个妇孺皆知的大人物。看似鸿鹄之志，其实愚蠢至极。"

今天看来，一个十多岁时就立志要扬名日本和中国的孩子，其实还是很不平凡的，但乐翁公却很谦虚地说："看似鸿鹄之志，其实愚蠢至极。"乐翁公还举了一个例子：

"那时，我经常练毛笔字。很多人来索字，我都一一答应他们的要求。其实，这种索字的行为也是献媚的表现，而我答应其要求，一一给他们写，这也是一种很浅薄的行为。"

其实，我也经常给别人题字，也许跟乐翁公说的是一样的情况。乐翁公在回顾中还说：

"我十二岁那年喜欢上了写作，开始收集通俗的解释书籍。我想尝试给《大学》做注解，写一本传授为人处世方法的书。但是，本来就很笨，没有完全理解经学的书籍，而且听说市面上出的通俗版大多是胡说八道，所以我就放弃了这个念头。"

也就是说，乐翁公在 12 岁的时候就想写书，把古代伟大的哲理告诉给他人，但是，他发现自己并没完全理解经书的基本道理，而想要参考的通俗版又多是胡说八道，为了不误人子弟，他就放弃了著书的想法。他在后文中又接着说：

"现在回想起来，由于自己听的是著名学者的讲义，没有碰到胡说八道的讲解，还算是件幸事。那时起，我已经开始尝试写和歌了，但是都不怎么样，古代的和歌又没记住，而且也没有人指点，结果花了很多时间，却创作了一大堆垃圾作品。后来偶然去铃鹿山赏花郊游时，看到游客来往的情景，有感而发，做了下面的这首和歌：'铃鹿山，旅途投宿甚遥远，依旧恋花不忍离。'这是我十一岁那年的作品。"

今天看来，这样一首诗出自一个十一岁的孩子，可以说是很有文采的。

"十二岁那年，我写了一本名叫《自教鉴》的书，并且让大塚先生帮我修改，他说这是我写得最好的一篇。明和七年，书出来了。从明和五年开始写，花了两年时间。我把书给父亲看后，他非常高兴，立刻就送给了我一套《史记》，这份礼物到现在我还珍藏着。那个时候，我刚刚开始学写诗，根本不懂平仄押韵的手法，因此都拿不出手。

《雨后》：虹晴清夕气，雨歇散秋阴，流水琴声响，远山黛色深。

《七夕》：七夕云雾散，织女渡银河，秋风鹊桥上，今夜莫扬波。

这些可以拿得出手的诗，都是经过众多老师们修改过的。"

由此，我们可以看出，乐翁公从小就是一个多才多艺、非常优秀的人。在他的藏书里还能找到那本《自教鉴》，我读过这本书，内容是告诫自己要修身养性。

书虽然不长，但是很耐人寻味。乐翁公是一个生性温和的人，但却非常痛恨田沼意次①这类政治家。他认为，田沼一类的政治家会毁掉德川幕府，甚至打算只身一人去行刺田沼，这些事在《自教鉴》里也都有记载。通过这件事，我觉得，乐翁公是个非常温厚善良、有深谋远虑的人，但也有他敏感的一面。这本书的后面部分记述了他因冲动大发脾气而被手下劝谏的故事。

　　"明和八年，那年我十四岁，从那个时候起，我的脾气变得非常暴躁。对一点点小事也会暴跳如雷。大塚孝绰经常会来劝告我，还有水野为长也是这样。对他们指出的问题，我也能接受，但是却没法控制自己的怒气。后来，他们想了一个好办法，在我的房间里挂了一幅姜太公钓鱼的画，我每次发怒的时候只要看一眼这张画，就会慢慢地想到要克制自己，沉下心来。后来发现一整天也不发火了，再后来，就渐渐地不发火了。到十八岁时，我基本上改掉了这种脾气。这都是周围的人直言劝说的结果。"

从这里可以知道，乐翁公虽然是天才，但也是个感情个性非常强烈的人。然而坚定自身的信念去修身养

---

① 译者注：田沼意次（1719—1788），当时江户幕府的重臣之一。

性，才是形成他独特人格的关键。

判断人格的标准是什么

人们常说，人类是万物之灵长①。既然同为灵长，那么人与人也就不会存在太大的差异了。可事实上呢？芸芸众生，千差万别。光是在我的交际范围里，上至达官贵人、皇亲国戚，下至平民百姓、凡夫俗子，可以说有云泥之别。就连一个小山村和一个小乡镇也有明显的区别，就更别说一州一县了，再扩大到国家层面，那悬殊就更大了。

人与人之间，仅在智愚尊卑方面就有如此之大的差距的话，想要判断出其价值好坏也是很难的，更何况要提出一个明确的标准呢？就算我们承认人类是动物中的灵长，在这当中，自然也会有优劣之分。但我们从"盖棺定论"这句古语里能看出来，明确这个标准的依据应该是存在的。

"每个人都是一样的"，这句话有其道理。但反过来说，"人人皆不同"，也没有错。可是到了真正要我们评定一个人的真正价值的时候，对上面的两种看法，

①　译者注：这一说法出自莎士比亚的《哈姆雷特》。

我们又必须好好研究以后，才能得出结论。然而这又是件非常困难的事情。我认为，我们应该首先明确人的定义，即：什么是人？这同样是一件非常困难的事情。人和禽兽有什么不同？以前要回答这个问题也许会比较容易一些，但随着科学的进步，要回答这个问题，就变得越来越复杂了。

据说很久以前，欧洲有一位国王想知道人类语言自然形成的机制，就做了一个异想天开的实验。他让人把两个婴儿放在一个封闭的房间里"隔离"起来，不让他们听到一丁点人类的语言，也不进行任何的教育，等到他们长大以后再放出来。结果，他们一点不会说人类的语言，只会发出像禽兽那样意思不明的哼哼声。

这是不是事实，我不清楚。我想说的是，从这个故事也可以知道，人类与禽兽的不同点其实非常小，只要四肢五体健全，就拥有了人类的形态，但我们却不能立刻称他们为人。人与禽类的不同之处就在于能否做到修身养性、启蒙开智，并且对社会有回报，只有做到以上这些的人才能称为真正的人。换句话说，如果没有这些前提条件的话，那么他仅仅是一个具备了灵长类能力的人类，而并没有体现出人的真正价值。因此，对人的真正价值应该从这个角度去探讨。

自古以来的伟人中，又有几个人是活得真正有价值的呢？在中国的历史上，周朝的文王和武王联合起来消灭了残暴的殷纣王，统一了天下，并大力推行德政。中国历史上把这两位德高望重的帝王称为圣人。由此可见，文、武两王可以说是功名和利禄都到手的帝王。可是与文王、武王、周公等人并称为圣人的孔子又怎么样呢？还有，他弟子中那些被称为圣人的颜回、曾子、子思和孟子呢？他们终生只是为了道而游说天下，在战国时代，竟然没有一个属于自己的小国。在德行和名气方面，他们都丝毫不亚于文、武王，可是在物质财富方面，他们和文、武两王之间有着天壤之别。所以，如果我们把财富的多少作为衡量一个人真正价值的标准，那么孔子及其弟子们都是非常差劲的人了。可是孔子自己有没有觉得自己是个很差劲的人呢？我们都知道，文王、武王、周公还有孔子，他们对自己的人生是很满意的，如果以富有作为衡量一个人的价值标准来把孔子看成是一个很差劲的人，这恐怕是不妥当的。

所以说，评价一个人并不是一件容易的事。我们只有从各方面去看他的成就，同时还要看他的所作所为对社会以及人类的精神世界有没有正面影响，只有这样才能评价一个人真正的价值。

再来看看日本历史上的著名人物，我们同样可以看到这样的例子。比如，平安时代的两个贵族藤原时平与菅原道真、镰仓时代的两位将军楠木正成与足利尊氏，或许我们可以试着来评价一下他们中哪个更有价值。藤原时平和足利尊氏都拥有万贯财富，可是在今天，藤原时平的名字只有在大家讲到菅原道真的忠心时，才会作为一个参照对象被提起，而菅原道真的名字却是妇孺皆知的。楠木正成与足利尊氏两人的情况也差不多。因此，到底谁才有真正的价值呢？

如何评价一个人，当然也会有社会价值观的倾向，想要看穿其真相，从对上述的历史人物的评价来看也可以知道，是件困难的事情。人的真正价值，不应该是容易判断的东西。如果真要去评论一个人，必须把他是否成功、是否很有钱放在其次，而他为这个社会所尽努力的精神以及所带来的效果，才应该是评判此人真正价值的第一标准。

容易被误解的有精气神

有精气神，到底是指什么？这个很难用具体的形式来说明，但要是从深奥的汉学角度来说的话，我认为我们可以把它归结到孟子说的浩然之气一类。

我们常常会说，年轻人很有精气神，但并不能说这只是年轻人才有，老年人可以没有。精气神，是所有的

人都应该有的。大隈侯爵①虽比我大两岁，但我不能不
承认他比我更有精气神。

关于浩然之气的说法，孟子曾经说："其为气也，
至大至刚，以直养则无害，则塞于天地之间。"（《孟
子·公孙丑上》）这里所说的"至大至刚""以直养"
的说法，是非常有意思的。经常有人说没有精神，或是
打起精神之类的话。甚至还有人说，在烂醉如泥的时候
大喊大叫，那是很有精气神的表现，而沉默不语常常被
认为是窝囊废、没有精神。然而，被警察抓起来的那种
精气神是要不得的；和某人发生争执，明明知道自己是
错的，还强词夺理，这种怒气如果要叫作有精气神，那
也是大错特错的。以上的例子都是误解了"有精气神"
这个词的本义。

另外，有气质、清高，也可以算是精气神的一种
吧。福泽②先生就非常注重独立自尊，他所说的自尊，
我们也可以理解为是一种精气神，自己帮助自己、自己
保护自己、自己管好自己、自己养活自己，在这个水平
上做到自尊就可以。但是如果用自治、自我生存之类的

① 译者注：即大隈重信（1838—1922），明治和大正时代的政治家，曾
任首相，也是早稻田大学的创立人。
② 译者注：即福泽谕吉（1835—1901），日本近代著名思想家，毕生从
事西方资本主义文明传播，提倡人人平等的思想，被誉为"日本近
代教育之父"。他也是庆应义塾大学的创立人。

表达方式，那就令人感觉要费很大的劲，而且自尊也容易被误解成倨傲不恭。在这一误解的基础上，若遇对自己不利的情况，自尊就会变成一种恶劣的行径。比如过马路，如果你认为自己有自尊，看到迎面开来的汽车也不避开，那么最终就会酿成惨剧，像这样的自尊就不是有精气神的表现。

精气神并不是指这种东西，而是孟子说的"至大至刚"的气魄，是一种非常强、非常大的气场，而且还必须是"以直养"，即以正确的道理和至诚的心态去培养出来的一种东西，能贯穿其整个人生。这种精气神不是喝点酒能表现出来的，也不会是昨天有、今天就累得没有了的那种。浩然之气，应该"以直养"，即天下最刚直不阿的精气神。如果对于自身的浩然之气加以培养而不对其进行损害的话，"则塞于天地之间"，即这样的浩然正气将充斥天地间。

如果这种精气神是要靠培养、靠锻炼才能形成的话，那么就无须批评现在的学生们软弱、淫靡、优柔寡断。但是如果放任这些学生们就此下去的话，稍稍出现问题，或许就会损伤整个国家的精气神。老人也不能松懈，老人肩负着培养年轻人的责任，因而责任应该更加重大，必须努力去培养自身的精气神。我记得程伊川说过这样一句话："哲人见机诚之思，志士厉行致之为"①，或许文字上有些出入，但这句话所蕴含的思想，我是非常赞赏的。

明治时代的前辈们，也就是"哲人见机诚之思"的这种人，而大正时代的年轻人一定要成为"志士厉行致之为"的人。现在正是完成这一历史使命的时代，因此，年轻人应该时刻保持充分的精神，努力为国家和人民造福。

二宫尊德②和西乡隆盛③

在井上侯爵④的安排下，我和陆奥宗光、芳川显正一起要在明治五年（1872），远渡英国募集公债。在这前一年，吉田清成⑤正为财政改革而煞费苦心。有一天傍晚，西乡公（西乡隆盛）突然造访我在神田猿乐町

---

① 译者注：程伊川，即程颐（1033—1107），北宋著名理学家。涩泽荣一引用的句子原文应是"哲人知几，诚之于思，志士厉行，守之于为"。意思是，哲人知道事情的微妙之处，就会真诚地思考。志士砥砺操行，就会守住自己的作为。

② 译者注：二宫尊德（1787—1856），江户时代后期的农业专家、思想家。少年时，由于家境贫困，去砍柴的路上也捧着书。二宫背着柴拿着书本走路的铜像成为日本小学中励志的象征。

③ 译者注：西乡隆盛（1828—1877），江户末期武士，后成为明治时代的著名政治家。东京上野公园有其带着爱犬的铜像。

④ 译者注：即井上馨。涩泽荣一在第一章中曾提到的上司。

⑤ 译者注：吉田清成（1845—1891），明治时代的外交官。

144

的寒舍。那时，西乡公是参议员，在政府担任一个非常
高的官职，而他却来找我这个官职低微的人，这可不是
一般人能做到的，真让我受宠若惊，慌忙问缘由，才知
道他是为了相马藩①的兴国安民法而来的。

兴国安民法是二宫尊德先生受相马藩委托所拟定的
法案，其中涉及财政、产业和很多其他方面的内容。据
说这部法律成为相马藩繁荣昌盛的奠基石。但是，我们
在井上侯爵领导下进行财政改革时，打算要废除这部由
二宫先生遗留下来的兴国安民法。

相马藩的人知道了这一消息，认为这是一件关系这
个藩发展的大事，他们于是就派了富田久助和志贺直道
两人到东京，直接向西乡公请愿，请求西乡公在财政改
革的时候出面，取消废除兴国安民法的建议，西乡公就
接受了他们的请求。他去找了大久保（利通）②先生和
大隈（重信）先生，但是两位却都没有接受这一请求。
而井上侯爵又是个非常倔的人，找上门反而是自讨没
趣，于是西乡公就想到了我。他认为如果说服了我，兴
国安民法也许就不会被废除。他非常看重对富田、志贺

---

①　译者注：现日本东北地方，福岛县北边一带。
②　译者注：大久保利通（1830—1878），日本鹿儿岛人，武士出身，著
　　名的政治家，也是明治维新的有功之臣。和西乡隆盛、木户孝允并
　　称为"维新三杰"。

两人做出的承诺，于是特意来光顾我这个微不足道小官
的茅屋。

日本某小学里的二宫尊德像

东京上野的西乡隆盛像

西乡公把事情原委跟我作了说明，表示废除这样一个法律实在是很可惜，希望我能帮他出一把力，让这个法律继续实行下去。听了他的话后，我问："您可知道二宫先生的兴国安民法的具体内容吗？"他诚实地回答说不知道，我对他说："您对这部法律一无所知，怎么来劝我不要废止它呢？这令人很难以理解。不过，既然您不知道，那我就来为您说明一下吧。"因为那时，我已经对兴国安民法做了充分的调查，所以就详细地向他作了说明。

当年二宫先生受聘去相马藩，第一件事就是对藩内过去 180 年间的年收入做了一个详细的统计。他把这 180 年分成了"天、地、人"三个年份，每个年份有 60 年，把中间"地"的 60 年的平均财政收入作为这个藩的平均财政收入。然后再把这 180 年分成"乾、坤"两个年份，也就是各 90 年，把收入少的"坤"这 90 年的平均财政收入作为标准，算出了相马藩的年财政支出数额，并且以这个数额作为依据，来制定藩的年度预算。如果当年的财政收入有幸超过了"坤"的平均数，那就是自然增收；如果还有多余的财力，就作为次年开垦荒地的资金。而开垦出来的新田地就归开垦者所有。这就是相马藩的兴国安民法。

西乡公听了我对二宫先生的兴国安民法的详细说明

后说："照你这么说，兴国安民法倒也符合量入为出的原则，那不是挺好吗？不废除不是更好吗？"听他这么说，我觉得这正是讲述自己对财政改革意见的好时机，于是我说："正如您所说的，不废除二宫先生的兴国安民法，相马藩一定会越来越昌盛。但是，我们的首要任务是为国家制定法规，而不是去讨论要不要保留或废除相马藩的这部法律。西乡先生，您认为相马一个藩的一部法律很重要，不应该废除，但是一个国家的兴国安民法会因此而受到影响。您作为一个肩负国家前途的政治家，却要为一个地方的法律而奔走，岂不是本末倒置吗？这不是一个聪明的做法。"西乡公听了我的话之后，什么也没说，默默地告辞了。

我提这件事想要说的是，在维新豪杰中，像西乡公这样坦率地以不知为不知的人，才是最令人敬佩的。

修养不是理论

到底做到什么程度才算有修养呢？这个问题的答案是没有止境的，但是我们必须注意的是，千万不能只去空谈理论，而不付诸实践。因为，修养必须是实践和理论相结合的产物。

在这里，我必须对实际和理论的协调，特别作一个说明。简要地说，理论与实际、学问和事业是相辅相成的，如果不能同时得到发展，那么一个国家也就不可能真正强大起来。即使有一方面做得好，但另一方面如果跟不上的话，那么这个国家还是不能跻身于世界强国之列。

既不能只满足于实践的结果，也不能只有纯粹的理论，一定要调和、结合这两者，国家才能文明富强，人才会有完美的人格。

这样的例子很多，在中国古典汉籍中就能找到。大家都知道，孔孟的儒教在中国一直最受推崇，被称为经学或者实学，跟文人墨客舞弄的诗词歌赋完全不同。对儒学探究最深，并将其发扬光大的是中国宋朝后期的朱子。朱子是一个非常博学、热心钻研的人，但他所处时代的国家运作又是怎样的呢？政治颓废、武力微弱，朱子所研究的实学丝毫没有用武之地。也就是说，尽管研究学问已经很发达了，但是在政治混乱的时代，学问是完全脱离实际的。总而言之，经学在宋代发展成为代表国家的学问，但却没有跟实践结合起来。

然而在日本，被看成空论的宋朝儒学却被巧妙地利用，使它发挥了实学的效果。做到这一点的不是别人，正是德川家康。

元龟、天正时代，当时的日本，诸侯割据，自称天下的就有二十八处。国内局势就像一团乱麻，各地诸侯都把精力花在扩充自己的军事力量上。这个时候，德川家康却能站得高看得远，他发现光凭武力是不可能治国平天下的，于是他大力推行文化事业，引进了在中国被视为死学空论的朱子儒学。又先后聘请藤原惺窝、林罗山①等人，让他们研究如何才能把学问运用到实际中去，即调和理论与实际的关系，让两者走到一起。今天，我们还能看到德川家康遗训中有这么一番脍炙人口的名言：

> "人的一生，犹如负重担而道远。不可操之过急。常想到不自由，就会有知足之感。有非分之望时，应想起困穷之时。忍耐为安全长久之本，怒为大敌。知胜而不知负，祸及自身。责己宽人，不及胜于过。"

这番话大多是从经学中学来的，而且是模仿《论语》中的名言写成的。德川家康之所以能够平息战乱，抚慰人心，一统天下，并使和平时代持续了近三百年，其中主要原因就是他能活用学问，协调了实际和理论的关系，使这两者紧密结合在了一起。

而到了元禄、亨保年间，各种学派也慢慢地发展起

---

① 译者注：两人均为德川家康时代的儒学家。

来，空谈理论的风气又占了上风。虽然有很多著名的儒学家，可是注重联系实际的却很少，仅有熊泽蕃山、野中兼山、新井白石和贝原益轩等数人，而且到了德川末期，国家实力一蹶不振，这也可以说是不注重理论与实际相结合的结果。

对上面所举的过去的例子，从今天的角度来看就会发现，这两者协不协调，或将决定国家的昌盛或衰败。再看现在世界上二流三流国家的情况，这一点也是很清楚的。然而在一流国家中，也有个别国家正在失去这两者的协调关系。

再回过头看日本，至今也很难说已经实现了两者的充分协调。反而可以说，这两者相互脱节的倾向已经越来越明显了。想到这点，不能不为这个国家的未来担心。

因此，我衷心希望，一个以修身养性为主的人一定要记住以下几点：切勿走旁门邪道、要恪守中庸，始终保持坚定的志向努力向前。换句话说，你今天的修身养性，就是为了勤奋刻苦地去追求德与智的同步发展。即当你在努力提高精神境界时，也要努力在知识层面丰富自己。修身养性的目的不是为了个人，而是为了一个镇、一个城，进而为一个国家、一个民族的振兴做出贡献。

152

重在平时磨炼意志力

总的来说，这个社会总有很多事不能如愿以偿，这不仅是对能看得见的事而言，更多还是对人的内心世界来说的。比如，我们已经下定决心要做的一件事，也常常会因为一个偶然的原因而发生变化。有时，可能受到身边的人影响而改变，虽然这种影响本身并没有恶意，但是你的心里却发生了变化，这就说明你的意志力不够。虽然自己已经做好了思想准备，下了决心，却会由于别人的一句话而发生变化，这就说明你对意志磨炼得还不够。

总而言之，重要的是磨炼平时的意志力。如果你平时总是在对自己说"应该这样做"或者"必须这样做"，并能准确地决定做什么事的话，就不会受到他人一两句话的影响。特别是在别人都没发生问题时，更要注意磨炼自己的意志力，并在接触人或事时循序渐进，这是很重要的。

人心是很容易产生变化的，即使平时坚定地认为"应该这样""必须这样"的人，也会突然在无意之中受到自己本能的影响，而改变初衷，做出背离本来愿望的事情，这就是由于平时缺乏精神方面的磨砺造成的结果。话说回来，即使是那些有充分修养、有坚强意志的人，有时难免也会迷失方向，更何况是那些社会阅历浅、欠缺锻炼的年轻人呢？所以年轻人更有必要锻炼意志，对问题要再三反复进行思考，不要仓促行事。只要以慎重的态度去深思熟虑的话，那么心灵的大门自然就会打开，使你随时都能回到自己的精神世界里去。记住，对自省和思考的懈怠，是磨炼意志的最大障碍。

以上就是我有关锻炼意志的想法，也是我个人的体会。顺便再谈一个我的个人经历。我自从明治六年（1873）辞去官职以后，在工商界找到了自己真正想干的工作。那时，我下了决心，今后无论发生什么变化，我都不再从政。政界和商界本来就有着非常错综复杂的关系，有远见卓识的人才能在这两者中左右逢源，并乐此不疲。然而，我知道自己是个能力平庸的人，一步走错，就会全盘皆输。因此，我一开始就把政界看作不是自己能长久待下去的地方，之后也彻底断绝与政界的关系，全身心地投入商界。

当初，我以自己的意志做出这个决定时，还有些知心朋友对我好言相劝，最后都被我回绝了，我一心一意地奔向实业界。但是后来我发现，最初的理想太美好了，实际操作时竟然变得非常困难。在后来的四十多年里，我曾多次动摇过，差点要去改变初心，但坚持了下来，才有了今天。现在回想起来，跟最初的决心相比，这后面所发生困难和变化实在是要多得多。

如果我是一个意志薄弱的人，在遭遇多次的变化和诱惑的情况下，只要稍微有一点差池就会走错路，也许就会造成无可挽回的局面。在过去的四十多年里，只要稍有动摇就会做出改变意志的事情的话，无论这事是大是小，就意味着最初的决心栽了跟头。即使是一次很小的挫折，也会让人迷失方向，让自己的信心受到打击，此后的行动都会变得听之任之，在不知不觉中产生一种破罐子破摔的心理，再以后甚至会认为出错是很正常的一件事。"千里之堤，溃于蚁穴"，说的就是这个道理。

该往右走时，却在中途选择返回向左走，这很可能成为走错人生道路的开端。所幸，这种时候，我都能经过自己的深思熟虑来处理，虽然也有过动摇的时候，但不放弃初心，这也是我能走到今天的力量。

纵观我这四十多年的人生经历，锻炼意志的确是件困难至极的事情，但我也从诸多的经验教训中学到了很多东西。总结这些学到的东西，大概有以下这些：不要忽视小事；如果是违反自己意志的事情的话，一开始就可以不去理会；如果一开始就轻视小问题的话，那么小问题很可能变成大问题，并成为造成失败的主要原因；凡事三思而行，这是很重要的。

反驳修养无用论

关于修养，曾经有个人对我有过如下攻击。他的观点大致可分为两点。其一，修养会阻碍人的天性发展，使人失去性格中自然纯粹的东西，所以不值得提倡；其二，修养会使人变得卑屈。对于他说的这两点，我将用以下的观点来进行反驳。

第一，说修养会阻碍人的天性的发展，我认为这个说法混淆了修养与修饰的概念。所谓修养，也就是我们常说的修身养性，这里面有锻炼、研究、克己和忍耐的因素。目的是通过努力，逐渐让自己达到圣人或君子的境界。为此，我要特别强调一下，修养并不会改变人的天性。如果一个人有充分的修养，那么，日复一日，他的品行和人格就会日趋完美，逐渐接近圣人的标准。如果认为修养会磨灭人的天性，那么也就是等于否认了圣人的存在。

第二，如果说因为修养使人变成伪君子、变得卑屈的话，那么这样的修养本身就是错误的，而不是我们常说的修养。说人的自然天性是好的，我当然赞成。但是，人的七情六欲、喜怒哀乐，并非在任何时候、任何情况下都能控制得好的，即使是圣人君子也要自我节制。因此，我认为，说修养会使人变得卑屈、会失去人的天性，这种言论纯属谬论。

说修养使人卑屈，这是无视礼节、虔诚的胡言乱语。我们常说的孝悌忠信、仁义道德都是在日常的修身养性中得来的，绝不是用愚昧卑屈的态度所能达到的境界。《大学》中的"格物致知"，还有王阳明的"致良知"，也都是说的修养。修养并不是塑造泥偶，而是能增长自己的良知，能发挥自身最精彩的地方。一个人越有修养，就越能在与事与物的接触中明确分辨善恶是非，在选择何去何从时就不会犹豫，能随心所欲，但却不逾矩。所以，说修养会使人变得卑屈愚昧，是极大的误解。说到底，修养是人在增长知识和智慧时所不可或缺的东西。

在这里我要强调一点，修养并非轻视知识。今天的教育过于偏重知识学习，而缺乏对精神的磨炼，为了弥补这个不足，我提出修养这个概念。如果认为修养和修学是互不相容的，那是极大的错误。

总之，修养是个具有广泛意义的概念，提高修养就能使精神、知识、体力、行为也天天向上。年轻人也好，老年人也好，只要坚持不懈地提高修养，终有一天会达到圣人的境界。

以上就是我针对修养无用论的反驳。我衷心希望广大青年朋友们能参考我的观点，努力做一个有修养的人。

人格养成法

对于现代青年而言，我觉得最切实需要的是培养高尚的人格。明治维新之前，日本社会盛行的是道德方面的教育。随着西方文化的传入，思想领域出现了巨大的变革，以至于今天的社会道德标准混乱模糊，儒教被看成是旧的传统，统统被扫出门外。对还没充分理解儒家教义的年轻人来说，在外来的基督教还未能成为一般道德规范的情况下，更不知道自己应该掌握何种道德观念。明治时代也没有真正树立新的道德规范，思想领域又处于动摇时期，国民不知该何去何从，精神无所寄托。这就更使我感到，年轻一代越来越缺乏人格的修养，这实在是令人担忧的局面。

世界各大强国都有自己的宗教，并树立了相应的道德规范，唯独日本还处在如此混乱的局面，实在令人汗颜！再来看看现在的社会现象，人们开始向着利己主义冲刺，只要有利可图，什么都愿意做，谈什么国家富强，追求个人富裕成为主流。

致富当然也是很重要的，没有人乐意去"箪食瓢饮""在陋巷"而"不改其乐"，这也不需要成为生活的最高标准。孔子曾经说过："贤哉，回也。"（《论语·雍也》）这句话虽然是表扬颜回安于贫困，其实是在反证"不义而富且贵，于我如浮云"这句话。孔子并没有把富视为恶而一概贬斥。但是只求自己致富，而将国家与社会置之度外，那就另当别论。

现在，人人都想着如何致富，形成这股社会风气的主要原因，我认为就是社会上的一般人士缺乏人格的修养。如果国家树立了一个可以皈依的道德规范，那么人们在走上社会时，就会抱有明确的信念，也自然会形成良好的人格，就不会都去谋私利、向钱看齐了，所以我只能力劝所有的年轻朋友去提高人格的修养。青年人纯真、坦率，而且充满活力，在这样的青春时期形成威武不能屈的人格，不仅可以使自己发展、致富，而且也能带动社会进步，使国家更加富强。年轻人处在一个缺乏信念的环境里，是一件非常危险的事情。希望大家自重。

那么说到人格的修养，有各种各样的方法。比如，去佛教世界寻求信仰；或者成为基督徒，获得信念。我年轻的时候，立志走儒教之道，孔孟之教成为贯穿我人生的指导思想。所以我相信，重视忠义孝悌之道，是形成威严人格的方法。正因为以忠义孝悌为人生准则，所以仁义成为我处事的基本原则。因为有了这样的底线，所以我能知道如何去吸收各种先进的知识。如果先进的知识学得不好，那么，要在这个世界上成为一个有用之才也是无从谈起的。有了自己的立足点，有了先进的知识，那么在待人接物上就能明确做出是非判断，并能对社会发展做出贡献。如此，最基本的道德观念才会跟行动一致起来，人生才会圆满。所谓成功人士，就是这样的人。

为达到个人的目的而不择手段，那是对成功意义的曲解。有人认为，财富滚滚而来、名誉地位越来越高，才是成功的标志。对这种想法，我实在无法苟同。以高尚的人格走正义之路，其后获得相应的财富和地位，这才是真正的成功。

商业无国界

明治三十六年（1903），突然发生的旧金山学童事件①导致日美关系的逐渐恶化，两国外交出现了疏远的倾向。美国的一些人开始排斥日本人，并公开声称不喜欢日本。出现这个现象，其实是由来已久的积怨所导

---

① 译者注：据查，历史记载，涩泽荣一说的学童隔离事件应该发生在1906 年，当时的旧金山政府决定将日本人和韩国人的孩子转校并隔离。日本政府对此提出抗议，次年该决定被取消。此事件后发展成两国间的外交问题。

致的。

前一年（1902），旧金山的金门公园还发生过"禁止日本人游泳"的事件，随之，又发生了一系列的事件。我对美国一直持有一种特殊的印象，特别是作为实业界的一员，我对日本整个实业界的命运感到不安，并不惜为此而付出努力。对日美外交关系，我也深感忧虑。

这个事件之后，居住在旧金山的日本人成立了日本人会，由手岛谨尔氏担任会长。他特意派渡道金藏回日本，请我帮助他们争取政府的支持。为了改善加州美国人对日本人的态度，他们还计划成立全美日本人会，同时希望我们日本国内也大力协助他们。

我认为这个计划很合时宜，就告诉他们，我们将尽可能地提供充分的帮助，而在美国的各位日本人也应该尽最大力量。我还向渡道金藏讲述了自己对明治三十五年在金门公园发生的事件的感想，嘱咐他一定要向会长和会员们传递我的这个想法，一定要加以重视。我记得，那是明治四十一年（1908）的事。

同年秋天，美国太平洋沿岸的商业会议所的多名议员来日本观光访问，这个活动是由我们东京商业会议所和各地有关团体发起的，共同邀请美方组团来日本访问，目的就是促进两国之间的友谊，以消除互相之间的误解。参加这次访问活动的有旧金山的 F·W·杜鲁门、西雅图的 J·D·罗曼、波特兰的 O·M·克拉克以及其他的议员。我跟他们在各种交流的场合进行会谈，就日美之间的关系详细地介绍了迄今为止的发展过程，并真诚地希望能通过他们的努力，消除美国人对日本的误解。

在这个交流活动中，我们也向移民到美国的日本人提出了以下批评意见：由于不了解欧美的文化习惯，因而给对方留下了缺乏公德的印象，或者是在别人看来不修边幅的外表，或是不能和当地融为一体的状态，对当地人的这些批评意见应该接受，努力去改正缺点，不要让别人看不起。而在美国，由于种族与宗教的不同，对日本人产生偏见与歧视，这对文明国家美国来说也不是好事。如果真的有这样的情况，那就是美国的偏见，不仅如此，这也违反美国自身的原则主张。要知道，把我们日本介绍给世界的正是美国。今天的日本知恩报恩，正在努力地做好改善两国关系的活动，但是美国却以种族偏见、宗教的差异为由而讨厌日本人，并歧视日本人，这不是美国应该做的事情。

当时来访的各位美国朋友听了我的话也都很高兴，纷纷表示同意。

君子慎以辟祸，笃以不掩，恭以远耻。

———《礼记》

求之有道，得之有命，是求无益于得也，求在外者也。

———《孟子·尽心上》

第七章
算盘与权利

孔子的权利观念

人们总是说，《论语》中缺乏主张权利的思想，还有人说，缺乏权利思想的东西不能作为一个文明国家的教义。首先，我要指出的是，这种言论是误解、是谬论。的确，从表面上看，《论语》好像是缺乏权利的思想，如果把它和以基督教为中心的西方思想来比较的话，一定会觉得前者的权利思想有些淡薄。但是，我要对这样的人说，你们并没有真正了解孔子的思想。

基督以及释迦牟尼一开始就是以宗教家的身份出现的，而孔子则不同，他并不是以宗教思想来处世的。他的思想发展过程也与基督或释迦牟尼的完全不同。尤其是孔子所处的时代，无论什么事，都是以履行义务为主，实现权利在后。因此，把生活在那种氛围中的孔子，在两千年后的今天，拿来和思想迥然不同的基督教相比较，我只能说，出发点就错了。要说两者之间有什么差异，那是必然的。那么，孔子的思想真的像世人所说的那样，缺乏权利的概念吗？在这里，我想阐述一下我的个人观点，希望能对大家有所启发。

《论语》的思想宗旨是律己，讲的是"人应该这样""应该这样去做"，是从一种不很张扬的角度讲做人之道。如果我们把这种思想推广为普世价值观，那么就能使它成为治国的思想方针。我们可以猜想，孔子并没有想要以宗教的方式来教化人民，但也不能说孔子完全没有这方面的教育理念。假如孔子执政的话，他必定会是一个乐施善政、富国安民，并大力推行以仁义为主的君主。

实际上，孔子是以一个知识分子的身份出现的。因为是知识分子，所以他将经世致用之学教给学生，并耐心地回答门人弟子的形形色色的问题。而这些门人弟子又来自各个方面，所以他们的问题涉及很多方面，有问政治的，有问忠孝的，也有问文学或礼学的。这些孔子与弟子们问答的记录就变成了《论语》二十篇。孔子本人晚年的时候，收集《诗经》、给《书经》写注、编撰《易经》等，并写下了《春秋》。福地樱痴①先生曾对孔

---

① 译者注：即福地源一郎（1841—1906），明治时代的政治家、文学家，也是日本早期记者之一。

子的一生作过如下评述：孔子在六十八岁之后的五年里，是以一种布道者的精神在热情专注地著述与编撰书籍，他生活在一个缺乏权利意识的时代，而本人也没有想要成为一个给人以指导的宗教家，所以在他的学说中，权利思想不分明也是无可非议的。

而基督教恰好与此相反，是一个充满权利思想的宗教。古代的犹太、埃及等国家极其相信预言家的箴言，因此，所谓的预言者也非常多。据说，从基督的祖先亚伯拉罕开始直到基督降临的近两千年里，出现了摩西、使徒约翰等众多的预言者。他们预言说，将会有上帝降临，并替代国王统治世界等等。而后，将会有基督诞生。国王听信预言者的话，感到了威胁，于是下令杀死附近所有的新生婴儿。圣母抱着婴儿基督逃到别处，才幸免于难。基督教就是产生于这样一个充斥着幻想的时代的宗教，所以其教旨是命令式的，权利思想也是相当强的。

另外还有很多人认为，基督教义中所说的"爱"与孔子的《论语》中宣扬的"仁"是基本一致的。其实这之间有着主动和被动的不同，比如，基督教所提倡的"爱"是"己所欲，则施于人"；而孔子则是反过来说："己所不欲，勿施于人"。从表面上看，孔子强调的是义务，没有权利概念。因此，如果说两者是一致的话，那应该具体为：这两者的最终目的都是一样的。

我个人认为，作为宗教，从教义来看，基督教略胜一筹；但是，如果从人的处世原则来看，则是孔子思想更胜一筹。这或许仅仅是我的一家之言而已，但我之所以如此信赖孔子的思想，是因为孔子的话很实在，不提倡奇迹。耶稣基督也好，释迦牟尼也好，都有很多神化的东西和奇迹。比如，耶稣被钉死在十字架上后，第三天复活了，这不是奇迹是什么呢？当然，奇迹出现在如此出众的人物身上，也不能说绝对不会发生，但这样的事情超出了心智正常的人所能预测的范围，所以要真相信的话，那恐怕就会陷入迷信的境地。

如果大家都把这些无从考证的事一一信以为真的话，人类的智慧就会黯然失色，甚至还会不得不相信：一滴水比药还灵；用砂锅来拔罐更有疗效。由此带来的害处是很严重的。日本虽然被称为文明的国家，但是至今依旧保留着各种迷信的习俗。比如，冬天必须穿白色的衣服去参拜神社；立春时要撒豆驱邪等等。因为这些风俗习惯，被嘲笑为是个崇拜迷信的国家，那也是无法避免的。但是在孔子那里，就没有这些乌七八糟的东西。这就是我对他深信不疑的原因，而且我想这也是我的真正信仰。

《论语》里也有明确权利思想的部分，孔子曾说过："当仁不让于师"，仅这几个字足可以证明孔子的权利思想了。这句话的意思就是，只要道理是正确的，那么即使对方是自己所尊敬的老师，在关乎"仁"这个原则问题上，也是坚决不能相让的。在这句话里，权利思想呼之欲出。如果仔细阅读的话，你一定会发现，《论语》中带有这种思想的表述还不止这一句。

旧金山公园里的告示牌

我第一次去欧洲，还是旧幕府时期，那是庆应三年（1867），我去了法国，在那儿待了近一年。这期间还到访了其他的一些欧洲国家，对这些国家的情况多多少少有了点了解。当时最让我感到可惜的是，没能去成美国。

我第一次到美国是在明治三十五年（1902）。但在那之前，我对这个国家已经有了一定的了解，尤其关注其外交方面的政策，而且日本和美国的外交关系一直都很稳定，所以一听到美国，我就会产生一种亲切的感觉，就像是碰到了熟人一般。第一次踏上美国的大地，对所看到的事物都非常喜欢，甚至有一种宾至如归的感觉。

　　刚到旧金山时，接触到的各种事情都令我兴致勃勃，但后来却发生了一件让我很受伤害的事情。我在旧金山公园游泳池旁边发现了一块写着"禁止日本人游泳"的牌子，这件事使原本对美国很有好感的我产生了一种奇异的感觉。

　　我问驻旧金山的日本领事上野季三郎先生，为什么会有这样的告示牌。他说："移民到美国的一些日本青年，到公园来游泳，看见有美国女性在游泳，就潜到水底拽她们的脚什么的。因为多次发生了这样的恶作剧事件，公园里就立起了上述的那块告示牌。"我听后，大为震惊，几个日本青年的不文明行为竟带来如此恶果。虽说是小事，但是却引发出民族歧视这样的问题，实在令人痛心疾首。这样的事情增多的话，也许在两国间会引发更多的危机。

　　东西方民族之间，本来就有种族与宗教不同的问题，虽然关系有所改善，但是还没有达到互相融合的程度。发生这样的事件，实在是令人担忧！在跟领事分手前，我恳请他一定要重视这件事情。时值明治三十五年（1902）六月初，我途经芝加哥、纽约、波士顿、费城，来到了华盛顿，拜见了美国总统罗斯福，还有幸见到了哈里曼、洛克菲勒、谢尔曼等众多美国著名人物。

第一次和罗斯福会晤的时候，他对日本的军队和美术做了很高的评价，并且还说，日本士兵骁勇善战，而且有很强的仁爱精神，能克制自己，又极为廉洁。

除此之外，他还大力赞美日本的美术，认为日本的美术有一种无与伦比的神韵，是欧美国家的艺术家所望尘莫及的地方。对此，我是这么说的："总统阁下，我只是一个银行家，既不是军人，也不是艺术家，对于军事和艺术根本一窍不通。虽然阁下对日本的军事和艺术评价很高，但我更希望下次和您见面的时候，能听到阁下对日本工商业的评价。我虽然不是那种特别有能力的人，但是我正在努力地带领国民朝着这个方面不断努力。"

听了我的话，罗斯福解释说："我并没有轻视日本工商业的意思，只是因为日本的军事和艺术方面影响比较大，所以碰到日本的知名人士，首先我都会对这两点称赞一番。也许我的措辞有欠恰当，希望您不要有不愉快的地方。"我回应他："您放心，绝没有不愉快的地方。对于您赞扬日本的长处，我感到很自豪。只是我曾经坦率地告诉您，我要让日本的工商业成为让您想到的第三个优点，并在为此而努力。"之后，我又去美国各地会见了很多知名人士，拥有了一次令人难忘的美国之旅。

唯有以仁义治天下

我认为，现在的很多社会问题以及劳动问题等都不是简单地靠法律就能解决的。就像在一个家族里面，父子、兄弟、亲戚都各自主张权利和义务，大大小小的问题都要凭借法律的手段来解决，久而久之，互相之间的亲情自然会变得越来越险恶，隔阂越来越深，一有事，就同室操戈，一家团圆和睦的情景荡然无存。

我认为，富豪与贫民之间也有着类似这样的情况。早先，资本家和工人之间是以类似家族的关系来维持的，彼此互相依赖，然而法律的突然出现打破了这种平衡。看似法律说得都对，但是实施的结果，真的如政府所期待的那样吗？本来，资本家和工人之间的感情是在长年的关系中产生的，也是用语言难以表达的，然而法律却明确规定了两者的权利义务，如果双方各自主张自己的权利的话，势必就会疏远两者的关系。政府努力想制定一部好的法律，但是结果却事与愿违。对此，难道我们不应该做一番更深的研究吗？

顺便说一下我的理想：有法律规定当然好，但是不能因为有了法律，就不分青红皂白，都仰仗法律的制裁，这是应该努力回避的事情。富豪也好，贫民也好，如果都能按照仁义治天下的原则，即把仁义治天下看成是对人的行为的规定来处世的话，这将远远胜过百条法规、千条原则。换言之，资本家以仁义为原则来对待工人的话，那么工人也会以仁义来回报的。因为有了这层关系，双方就会明白，企业的收益和亏损都跟自己有很深的关系，就会互相关心、互相体谅，这样才能真正实现和谐。如果两者之间的关系达到了这个境界，那么像权利义务这类概念就不会疏远双方之间的感情，而且也没有什么效果可言。

早年我在欧美各地旅游的时候，曾亲眼看到德国的克虏伯公司①、美国波士顿的沃尔萨姆钟表公司的工作情况。那里的工作氛围非常好，公司上下有一种大家族的关系，老板和员工们亲切交流，令我赞叹不已。这就是我所提倡的以仁义治理企业的理想状态，这样的话，法律就只将是一纸空文。如果真正达到了这种境界，劳动纠纷就不会成为问题了，不是吗？

但是事实上，这个问题还没有引起社会上的足够关注，人们只是想着强制性去地改变贫富差距，却没有意识到贫富差距是不可能完全消除的，它在任何时候都是存在的，只是程度有所不同而已。当然，所有的人都能

---

① 译者注：德国一家专门生产武器的军工企业。

够成为有钱人，这是最理想不过的事情，但是人的资质和能力是不同的，因此追求全民皆富裕的目标是不切实际的，财富的平均分配只是痴人说梦话而已。

有人认为，富人的出现是导致贫富差距的原因，如果听了这个话，大家都去排挤富人的话，那么怎么才能够实现富国强兵的目标呢？个人富裕就是国家富裕，如果个人不去积极争取成为富人，那么国家如何能富起来呢？要使国家富强，就要使自己富裕起来，有了这样的想法，人们才会夜以继日地去努力工作。其结果，如果产生了贫富差距的话，那是自然的趋势，是人类社会发展中的规律，没有什么可抱怨的。

但有一点要注意，就是人际关系必须和睦相处，要追求两者的和谐，这是有识之士一天也不能松懈的地方。因为，如果只把结果看成是自然趋势，或者是社会发展的自然规律，而不再去加以注意的话，那么也会引起很严重的后果，而且这种严重的后果也是一种自然的趋势。因此我殷切希望，一定要防患于未然，要振兴以仁义治天下的原则。

竞争也有好坏

作为实业界人士，对从事对外贸易的人，我特别要求他们遵守商业道德。听起来，好像只有做生意的人才需要道德，其实不是这样。道德是所有的人的处世标准。商业有商业的道德标准，武士有武士的道德标准，政治家也有政治家的道德标准。这个标准不会因为显示你官位高低的杠杠是三道还是四道而变化。

因为这是人的处世之道，所以每个人都必须遵守。孔子说："孝弟也者，其为仁之本与！"（《论语·学而》）这句话的意思是，道德的第一步就是孝悌，然后逐渐发展成为仁义，最后慢慢升到忠恕，这些也就是我们统称的道德。

而道德表现在商业上，特别是在对外贸易方面就不是我们上述的广义上的概念，而是商业竞争的道德。我长期以来都希望能从道德的角度，在商业领域制定一套严格的协议和约定。要推动事物发展，就应该有竞争，因为有竞争才会有动力。

竞争还会促使人去学习，而学习则是进步之母。竞争又分为两种，一种是好的竞争，另一种则是坏的竞争。再具体地说，每天比别人更早起，去想好的办法，去用自己的智慧和知识超越他人，这就是好的竞争。反之，看到别人获得好评，就想着如何算计别人，用仿造的手段，干扰或抢占别人的利益，这就是坏的竞争。

竞争的性质也能简单地分为好与坏，但是，社会上的行业多如牛毛，因而竞争的种类也可以分为无限种。有时候，竞争的性质虽不属于好的，但对商家自身来说，却可能是有利可图的。当然，更多的时候是会给很多人造成损失，结果自己也同样蒙受损失，而且这种损失还不止于个人，甚至殃及国家，使其他国家的人不再看好日本商人。事情如果发展到了那种地步，其弊端就实在是很严重了。特别是对出口日常生活用品的商家来说，这就意味着坏的竞争。个别缺乏道德的例子不仅损人不利己，更有可能让国家蒙受耻辱。为了提高工商界人士的地位，希望大家共同努力，不然的话，就会降低工商界人士的地位。

那么，我们应该以什么样的方式去经营才是最妥当的呢？必须通过事例来具体说明这个问题。我认为，首先应该开展好的竞争，而努力回避坏的竞争。所谓回避坏的竞争，就是指要加强相互之间遵守商业道德的观念，要相互团结，这样的话，即使讨价还价也不会陷入坏的竞争中去。

做事要掌握好分寸，就算是没读过《圣经》，或是背不出《论语》也没有关系。但是，至今为止，大家都把道德看得太高尚。东方道德更被看成是用方块字堆砌起来的东西，结果说到道德，人们就联想到烦琐的茶道仪式，好像听到了高谈阔论，而谈论道德的人和实践道德的人却又是两码事。这实在是令人遗憾。

总的来说，道德应该体现在日常生活中，比如遵守约定时间准时到达，这就是道德观念很强的表现；礼貌谦让也是如此。在某些场合，抢先去做些什么，给人以安心感，这也是讲道德的体现。或是碰到事情，勇于担当，这也体现了一种道德。即使是在做买卖时，道德也在其中。因此，可以说，道德随时随地都跟我们在一起。如果你把道德视为高高在上的东西，搁置起来，然后说"今天是开始实践道德的日子""这个时间是实践道德的时间"，那么，我要对你说，道德可不是随便说说就能做到的事情。

如果工商界要在竞争上讲道德的话，那就必须像我刚才反复提到的那样，要分清好的竞争和坏的竞争。故意去制造麻烦、夺取他人利益的竞争都可以说是坏的竞争；但是，对自己的经营精益求精，产品要求好上加好，并且不去损害他人的利益，那么这就是好的竞争。也就是说，对这样的划分，所有的人都可以扪心自问，凭自己的良心做出判断。

总而言之，不管你干哪一行，都要对自己所在的行业有深入的了解，力求精益求精，不断地发展创新，以求上进，同时还要遵守行业内的职业道德，以此来杜绝坏的竞争。

合理的经营

在现今的实业界，常常会出现一些缺德无能的董事，他们把股东的资产当作是自己的私有财产，随意使用，甚至以权谋私。由此，公司内部变成一个伏魔殿，群魔乱舞，不分公私，暗地里大搞阴谋诡计。这对实业界来说，实在是一个令人痛惜的状况。

和国家政治相比，商业活动应该是公开透明的。只是银行方面由于业务方面的特点，有些部分是需要保密的。比如，发放给某某公司多少贷款，对方以什么做抵押，对此在道义上银行有保守秘密的义务。另外，在一般的生意方面，虽说应该是童叟无欺，但至于商品的进价是多少，售价是多少，能得到多少利益，等等，也没有必要特意公开。

总而言之，只要是正当合理地与人竞争，没有不讲道德的行为，就可以了。但是，除此之外，不能把没有的说成是有的，把有的东西说成是没有的，像这种有悖事实的谎言是绝对不能有的。一个做正经生意的公司，是没有什么不可告人的东西的，而且从社会实际出发来看，公司最好不要去隐瞒那些自讨苦吃的秘密，也不要在是非之地去做见不得人的私下交易。如果你这么做

177

了，不管你有什么样的理由，我都会毫不犹豫地断定，这样的人不配当董事。

按照这个观点来看，只要把合适的人放到董事的职位上，问题就可以解决了？然而，量才适用并不是那么简单的事情。在今天，到处是无能的人坐在董事的座位上，有些人坐在这个位子上，只是挂个名、消遣打发时间而已。这种人只能叫作虚荣董事。他们肤浅的想法虽然令人讨厌，但正因为他们做一天和尚撞一天钟的态度，倒也不会带来太大的问题。

另外，还有一些老好人占据了公司重要的职位。这些人没有才能，也没有任何建树；既没有能力判断部下的好坏，也没有审查账本的眼光。由此，在不知不觉中，听任部下做不当行为，即使不是他的错，但也可能因他而使公司陷入无可救药的地步。这种老好人的罪过远要重于挂名的虚荣董事，但这两者都不属于故意要做坏事的人。

还有一类人，比这两种人危害要大得多。他们出任董事，是想把公司作为自己高升的跳板，或把公司当作达到私人企图的单位。因而其犯下的罪行，是可忍孰不可忍。他们会采用各种卑劣手段以达到诈取钱财的目的，比如，要提高公司的利益，就必须提高股价，无中生有地假装公司有了利润，进行虚假分红；或把没有支付的股金，假装成已经付了，蒙蔽股东们。当然，这些人的手段还不止于此。有些极端分子甚至把公司的钱拿去炒股，或者挪到自己名义下的公司里去。做到了这种地步，我们只能把他叫作强盗了。能做出如此恶劣行为的人，归根到底，还是因为缺乏道德修养。如果这些董事能诚心诚意地忠于自己的事业，是不会去做那些损人利己的事的。

我在从事经营活动时，总是想着自己所做的事是为了国家，并且关注自己的经营活动是不是合理。即使规模不大、利润也不多，但是想到自己合理经营的是国家所需要的企业，就会以良好的心态去工作，这也是为什么我一直把《论语》当作经商的"圣经"的原因。我尽心尽力地去恪守孔子之道，不敢偏离一步，并且由此形成了我的经营观点：应该以社会上大多数人的利益为重，而不是以个人利益为重；要将利益分配给社会上的大多数人，我们就要使自己的事业站稳脚跟、繁荣昌盛。

记得福泽翁曾说过一句话，大概的意思是：著书立说，如果不能让大多数人读懂它的话，那么它起的效果也就非常小。所以，写书的人一定要记住，书的内容一定要有利于国家和社会，而不是有利于个人。

实业界当然也离不开这个规律。如果你的公司不能给社会带来好处，就不能称之为正经的经营活动。假定有人因一桩生意而成了大富翁，却让社会上大多数人陷入了贫困中，那么他所从事的经营活动可以说是有益的吗？先不说他有多么的富裕，他的幸福会长久吗？因此，我们的目标必须是，要给国家带来更多的财富！

志以发言，言以出信，信以立志，参以定之。

——《左传·襄公二十七年》

第八章
实业与武士道

武士道即实业之道

所谓武士道的精髓，一言以蔽之，就是指正义、廉直、侠义、敢作敢为、礼让等高尚品德，至于其具体内容，则是一个很复杂的道德体系。但是，我一直甚为遗憾的是，这种代表日本美德的武士道，自古以来只限于士大夫以上的阶层才能学习，而做生意赚钱的商人阶层却非常缺乏这样的品德和风气。因而自古以来，商人阶层对武士道的概念就有一种误解，认为如果一个人有正义、廉直、侠义、敢作敢为、礼让等高尚品德的话，就做不好生意了。而武士即使食不果腹也要保持清高的姿态，不为五斗米折腰。这对商人来说，简直是不可思议的事情。当然，这也是时代的产物，士大夫处世需要武士道，而对商人而言，有没有武士道精神跟赚不赚得到钱是没有关系的。

　　我只能说，工商业者不需要道德，这简直是个不可饶恕的错误观点。然而，在封建社会，武士道和生意经被看作是背道而驰的两样东西。再加上那个大儒（指朱子）认为，仁和富，不可同日而语。日中的这两个观点都属于同一个谬误，好在现在社会里已经普遍认识到这两者并非背道而驰。

　　孔子曾说："富与贵，是人之所欲也；不以其道得之，不处也。贫与贱，是人之所恶也；不以其道得之，不去也。"这句话完全可以用来解读武士道的精髓——正义、廉直、侠义、敢作敢为、礼让等高尚品德。按孔子的说法，贤者能安于贫困也不易其道，这正如一个武士在战场上绝不逃避一样，如果不是通过正道，即使能获得富贵也不会安然受之。日本古代的武士也一样，如果不是通过正道得到的财富，一分一厘也不会收下。这也可以说，儒教和武士道思想有不谋而合之处。那么我们可以理解为，富贵是圣人也会要的东西，贫贱是圣人也不想要的东西，关键是圣人是以道义为根本，而富贵贫贱则在其次。但是，古代商人的所作所为则完全相反，所以就给后世留下了误解。

　　我认为，武士道精神不应该仅止于儒家学者或武士这样的群体，作为一个文明国家的工商业者也必须以此为立身之道。西方工商业界的人尊重相互之间订下的契约，哪怕这个契约会给自己带来损失，一旦签下也绝不会反悔。坚固的道德心正是来自他们的正义廉直观念。

然而，在我们日本的工商界，却还存在着种种旧时的陋习。商人往往为了一点蝇头小利就无视道德理念，这种只会向钱看的倾向真是让人头疼。欧美国家的人也把这一点看成是日本人的缺点加以批评，在做生意时，对日本人不太信任。

有些人失去了为人处世的基本宗旨，或以非法手段来满足私欲，或向权势谄媚，以求得富贵，凡此种种都是违背做人底线的行为，这样得来的富贵与权势是不可能长久的。因此，如果你想要很好地为人处世，那么不管是从事什么工作，无论身份的高低，都要始终在自己力所能及的范围去做好，不能有丝毫违背正道的想法，然后要毫不懈怠地去努力，为自己创造财富，这样才能实现做人的意义，实践有真正价值的生活。

现在，就让我们开始以武士道精神走好实业家之路吧。日本人应该以体现大和魂的武士道精神走向世界，无论你是商业界的人，还是工业界的人，都应该以此为精神动力，只有这样，我们的工商业界才能与世界平起平坐，在竞争中占得优势。

文明人的贪婪

欧洲爆发世界大战，完全出乎我当初的预想，由于这一判断错误，使我不敢再对未来做什么预测，以免贻笑大方。但是，使我做出错误判断的原因，是人类的暴戾远远超出了我预想。正如古人所说："一人贪戾，一国作乱。"事实上，现在全欧洲都爆发了战争，而我却错误地以为文明国家里不会发生这样的事情。这种预想的错误，一方面说明我的智慧是有限的，另一方面也说明这是文明人暴戾的结果。对此，我很无语，只能嗤之以鼻。

对此次欧洲的大战，结果会如何，像我这样眼光短浅的人是无法预料的，结局是全败俱伤？或者是一方势力变弱，最后以休战告终？有历史学家断言：百年之后，世界版图的颜色将会有所变动。果真如此的话，那么我们工商界的势力也一定要有变化。未来的工商业会朝着什么样的方向发展，应该如何去面对这个趋势，我们是否做好了准备呢？

我们现在所应该考虑的问题重点就在这里。我不喜欢从政治的或军事的角度去谈论这个问题，而且我也没有这方面的知识，所以，我要谈的仅限于工商业方面。

刚才已经提到，伴随着今后世界版图的变化，工商业的势力范围也会发生变化，因此，做好准备，以负责任的态度去迎接未来，这就是未来的当事人的课题。然而，这个未来的当事人，不是别人，就是现在的青年一代。年轻人，从今天开始，你们就要学会对问题进行深思熟虑，并想方设法做出应对措施。

不管是哪一个国家，为了追求本国工商业的发展，都要走出去，扩大自己产品的销路。人口增长了，不仅要扩张领土，而且还要以各种策略来谋求增强自己的实力，这也是欧洲列强雄霸五大洲的主要原因。他们占据了优越的地理位置，就能以最强大的国家自居，特别是现在的德意志帝国，为了达到扩张的目的，一手策划并发动了此次战争。

欧洲国家的国王为了提高国内的生产发展，而去关注海外的情况，这在以前并不是一件很容易的事情。仔细去调查的话，虽然人数不多，但也会发现有那么几个这样的人物。也许你会问，为什么国王要费这么大的劲去做这件事呢？比如说，在英法，工商业竞争一度非常激烈，日俄战争后，英法看到日本货在各地广受欢迎，就立刻争相仿造。总的来说，国家政府在学术、工艺技术方面，给予了尽可能的方便与保护；而工商业又和一个国家的政治和军备总是保持密切联系的话，那么中央银行也会尽可能地为其提供方便，进行投、融资。从中可以看出，那些国家是如何上下一致、齐心协力，共同致力于国家富强的。此外，在学问方面，如化学的发明、技术的进步等等，包罗万象，每个国家也各有其可圈可点之处。

但是，由于此次的战争，就连远在亚洲的日本，也陷入了药品和燃料的危机，可见这些国家的势力已经伸向世界的各个角落了。因此，我要说，这种扩大自己国家势力的贪婪之心确实令人可憎，但是他们举国上下、齐心协力、共谋富强的精神倒也让我咋舌。

反观日本工商业发展的情况，多因四分五裂而一蹶不振，尤其是受战乱的影响，生丝的价格下跌，棉纱棉布的销路受阻，使整个交易市场萎靡不振，一片萧条。有价证券的价值下跌，各种新的事业无从起步。虽然我们可以预想，这些困难都只是暂时的，但面对这种一时性的困难，当前最重要的是要让从业者鼓起勇气，重新振作起来。我希望大家把这种危机当作机遇，越是在不景气的时候，越是要学会克服怯懦心理，要找到目标，并在这个战争期间进行充分的研究，努力在日后逐渐获得成效。

尤其要注意的是，一定要搞好与中国工商业的关系。我们两国地理位置相近，人情风俗习惯相似，这种历史的渊源之悠久是欧美国家所不能比的。但是，今天，我们的两国关系与其他列强相比，却大为逊色，这实在令人担忧。我认为，我们必须以中国为重点，大力开发中国丰富的资源，促进产业的发展，以扩大产品的销路，不断地增加通商方面的利益。

然而，最近从日本公民在中国经营工商业的情况来看，往往是分散的、个别的，相互之间没有丝毫联系。相比之下，德国的政治与经济体制是统一的，相互之间有着密切的关系。从历史的发展角度来看也好，从民族的角度来看也好，加深日中两国关系对日本会有很大的好处，因此德国的做法有可借鉴之处。这也是我对年轻一代最寄厚望的地方，希望当代的年轻人能关注这一点，并为之去努力。

以相爱忠恕之道交往

日中两国自古以来就有着同文同种的关系，地理位置相近，两国交流的历史源远流长，而且在思想、风俗习惯、兴趣爱好上也有很多共同点，因而两国之间必须建立互相合作、互相帮助的关系。那么，建立这种关系具体应该采用什么样的方法呢？我认为，主要是应该理解人情，以"己所不欲，勿施于人"的精神，也即所谓的相爱忠恕之道来进行交流。《论语》的第一章就已经阐明了这个方法。

我一贯认为，商业的真正目的是互通有无，是互利互惠的关系。经济发展也要以道德为基础，只有这样，才能达到真正的目的。日本在跟中国做生意时，要怀着忠恕之心，既要想方设法提高自己国家的利益，也要给中国带去利益。只要这样去做，在日中两国之间获得真正合作的成果，就并非一件难事。

为此，我们首先必须尝试开拓事业，即在中国开发丰富的自然资源，挖掘天然的资源宝库，这样就能为国家增加财富。至于合作经营的方式，我认为，最好的办法是由两国共同出资，成立一个合办事业。同时，不只限于开拓事业，还要在其他领域也开展日中合办事业。这样一来，日中之间就会在经济方面出现紧密的合作关系，而且也能在两国之间展开真正的合作。与我有关的中日实业公司，就是在这种意义上成立的，我十分期待它能成功。

通过历史书籍，我对中国一直抱有很大的敬意。自夏、商以来，到后来的周朝，中国文化达到了高峰，创造了文明璀璨的时代。至于科学方面的知识，我们可以通过当时史书上的记载，了解到一些天文方面的记事，当然从今天的角度来看，这些知识完全不足取。对今日百废待兴之中国，很多人感觉昔日的辉煌早已黯然失色，这也是理所当然的。

通览之后的西汉、东汉、六朝、唐、五代以至宋、元、明、清的历史，即所谓的二十一史的记载，历朝历代都有豪杰出现。例如，秦始皇为北抗匈奴而修筑长城；隋炀帝开通京杭大运河。我们先不说这些浩大工程的目的何在，但看这些工程在千秋万代之后仍对人类发展做出巨大的贡献，这也是当今所无法比拟的。我们可以从历史书籍中看到，从唐虞时代到殷商时代的灿烂文明，都超过了凡夫俗子的想象力。

大正三年（1914）的春天，我正式踏上了中国的土地，到处察看民情。此前的中国在我的脑海里构成了一幅精致巧妙的美人画，但是亲眼看见实际的中国，才开始感到这是与想象中的中国相去甚远的现实，真所谓期待越高失望也更大，甚至可以说是大相径庭。更令我感到不可思议的是，作为一个日本人，我竟然在儒教的发源地——中国到处讲述《论语》，这真可以称为奇事。

其中，引起我注意的是中国社会的两极分化现象。这里有上流社会，也有底层的老百姓，却没有成为国家中流砥柱的中流阶层，而且有真知灼见的人士也太少。观察这个国家的上上下下，我发现，个人主义与利己主义过于盛行，但国家意识却远远不够。我认为，不关心国家的前途和发展，是这个国家没有中流阶层的原因。不得不说，国民缺乏国家意识，是中国现今最大的问题。

征服自然

随着人类文明的日渐进步，今天的人类依靠智慧已经拥有了征服大自然的力量。再加上海陆交通越来越方便，大大缩短了各地间的距离，这实在令人吃惊。

古代中国有天圆地方之说，不仅把我们居住的大地想象成是方的，而且除了自己的国家之外，不承认地球上还有其他国家的存在。日本也在很长的一段时间里，受到这种狭隘见解的影响，提及外国，以为只有中国和印度，更不知世界为何物。对五大洲的存在，竟以为是天方夜谭。我小时候听过最无厘头的童话是：大鹏展翅时的宽度可达三千里，但也仍然看不见这个世界的尽头。

既然世界如此广袤无边，那么用我们人类的智慧穷其究竟，应该是件不容易的事。然而，随着文明的进步，交通工具的发达，地球好像也变小了。近半个世纪以来，这种进步让人产生一种恍若隔世的感觉。

1867 年，拿破仑三世还在位的时候，法国曾举办了万国博览会（现称世博会），德川幕府派了将军（指德川庆喜）的弟弟德川昭武前往参加，当时我也作为陪同人员一同前行。我们一行从横滨乘上法国邮轮，经过印度洋和红海来到了苏伊士海峡。法国人雷赛布①正在那里开凿运河这一大工程，因为还没有竣工，所以我们不得不弃船上岸。后来我们乘铁路横穿埃及，经过开罗，抵达亚历山大，然后再乘船航行于地中海。从横滨出发，经过 55 天的行程，终于到达了法国的马赛。第二年冬天，我们打道回府时，又经过苏伊士运河，那里的工程依旧没有完工。

苏伊士运河直到 1869 年才通航，不仅各国的舰船航行于此地，其诞生也开辟了欧亚海上交通的新局面，使两者在贸易、航海、军事和外交等方面都迎来了新一轮的变革。

与此同时，各国的舰船越造越大，速度也越来越快。大西洋就不用说了，太平洋各国的距离也终于"缩短"了，而且横贯西伯利亚的铁路也竣工了。由此，在欧亚大陆交通连接东西方上开创了一个新纪元，天涯若比邻的梦想终于成了现实。

但是美中不足的是，美洲大陆中部的腹地有一个带状峡谷，像一条蜿蜒曲折的大蛇一样连接南北美洲，隔断了大西洋与太平洋的联系。为了去掉这个障碍，雷赛

① 译者注：雷赛布（1805—1894），法国外交官，世界上两大重要运河——苏伊士运河和巴拿马大运河的开凿者。

布及其他的后人历经千辛万苦，但是最终都没能获得成功。正在大家以为这件事就这样结束了的时候，美国展现了其雄厚的实力，完成了开凿巴拿马运河这一巨大工程，使南北之水得以交融，东西半球相连。

东方有句谚语，"命长羞耻多"，然而在近半个世纪里，全球交通越来越发达，海运航程变短，这种明显的变化令人有隔世之感。身处太平盛世，我觉得这句谚语应该改成"寿长福亦多"。

向山寨版说不

正如有识之士多次呼吁的那样，我们国民的思想里有一种必须去除的陋习，这就是崇洋媚外。几乎所有的人都认为，只要是进口的就都是好东西。虽然没有必要去排斥外国的东西，但也不能因此而降低国货的价值。但是，这种崇洋媚外的思想已经在全国上下开始流行，真是令人惋惜。

日本最近才开始发展近代文明，而且很多东西又都是来自欧美。曾经有很多人对欧化主义的流行感到苦闷，但是现在却开始向进口的东西全面倾倒。明治维新以来，已经过了半个世纪，日本今天已成了东方新崛起的盟主、世界上的大国之一，然而我们到底要到什么时候才能从欧美一边倒的梦幻中醒过来呢？轻视国产货的无知还打算延续到什么时候呢？真是太没有骨气了！一块普通的肥皂，只要贴上了外国的"商标"，立刻就被抢购一空。如果说这是世界闻名的威士忌，好像不去尝一口，就担心是不是会被周围的人看成是土包子。再这样下去，独立国家的尊严、民族自豪感又要怎么维护下去？日本国民到了应该清醒的时候了，现在，马上，就与崇洋媚外的时代分道扬镳，向山寨版说不，努力铸造真正属于自己的民族品牌。

首先，互通有无是经济活动的一大原则。我并非在鼓吹排外思想，万事都是有得有失。前几年，天皇颁布戊申诏书时，有很多人认为这是不合理的、极端的消极主义思想。更有些人对这个诏书完全采取否定的态度，他们把鼓励国产货的宣传也视为极端的消极主义、排外主义。这不但让提倡的人感到很困惑，甚至有可能使国家蒙受损失。互通有无，是数千年前就已被公认的经济活动的原则，违背这一大原则，当然不能指望经济方面有所发展。

就拿新潟县来说，佐渡出金，越后①产米。从国家的角度来看，中国台湾出砂糖，日本关东地方产丝。再

---

① 　译者注：和佐渡一样，均为地名。

从全球的角度来看，美国的小麦、印度的棉花等，由于各国地理环境不同，所产的东西就各不相同。我们可以品尝用他们生产的面粉做的食物，购买他们生产的棉花，同时，又把自己生产的丝绸和棉纱卖给他们。不过我们必须认识到一点，一定要生产适合我们国家的产品才行，但也不要去买不适合日本国情的东西。

其次，我们有必要成立一个奖励协会，选择优秀的企业，向他们颁发奖励。奖励不能只是走形式，一定要落实，否则就没有什么效果了。为了实现这个目标，我们要努力着手准备实际的奖励。虽然现在只是停留在发行会报的阶段，还没有制定具体的规定和标准。但是，正如我们的章程中所表明的那样，今后对日本货要实施调研、举办产品的推销会和演讲宣传会，提高商品陈列的水平，公开一般的质疑回答，实施出口奖励制度等。尤其要成立研究所，发表产业方面的注意事项，介绍市场或产品的特点，分析试点报告，提供可依据的证明，这些都将大大有益于经济发展。每个人都有责任和义务来保证它的成功，希望大家为了我们这个奖励协会的发展尽力尽心。

最后，我想对政府部门说一句。一定要大大地去奖励，但是不自然、不合理的奖励会令人产生反感，做得不好反而会适得其反，原本是想保护日本货的，结果却变成了干涉与束缚。特别是在进行商品试点和介绍时，一定要抛弃个人的私情私利，要为国家和民族振兴大业着想；不要忘记公平、诚实和信誉。我也知道，还是会有一些人把推进国产货购买当作机会，趁机粗制滥造无用的东西，欺骗善良的老百姓，结果肥了自己的腰包，却严重阻碍本国的经济发展。这样做是万万行不通的。

提高工作效率的方法

其实，在提高工作效率方面，我感到非常惭愧，因为我也总是在给大家添麻烦。可能大家也有体会，一件事安排得不好的话，就会浪费时间，所以事情越在进展过程中，就越要注意这个问题。弄得不好，效率就会变得非常糟糕。我们总以为，效率不高是因为员工问题或者别的什么问题，其实不然。一个处理普通事务的人，如果能充分安排好时间的话，就能在规定的时间里顺利完成任务，并且省时省力。也就是说，不用很多员工，也能做好很多工作。这就是效率高的表现。

很多人觉得，只有自己做得不好，而能干的人就能很好地分配时间，一天工作多长时间，这个时间里的工作量是多少，其实这种想法是有问题的。还有些人使用不需要的劳动力，跑一次就能解决的问题却让人跑三次，结果一事无成。

我曾经在美国费城受到过沃纳梅克[1]的接待，亲身感受到他对时间的安排和使用，让我受益匪浅。他能合理安排时间，在很少的时间内做很多的事，当天的工作都能当天做完，让我佩服至极。

有一个名叫泰勒的人，曾经在自己的书中详细地说明了这类提高效率的方法；另一个叫池田藤四郎的日本人在某本杂志上介绍了他的方法。我起初以为所谓的提高效率，就是要对员工进行什么指导，但泰勒认为，提高效率就在大家每天的工作中。

其实，从沃纳梅克接待我的情形看，也没发现有什么很特别的地方。他事先跟我说，乘坐前往匹兹堡的火车，五点四十分到达费城，下了火车不要去饭店，而是坐上他安排好的汽车，六点到他的商店。

我就按他的安排，火车一到费城，没有先去饭店，而是立即乘上汽车，六点零二分或零三分到达。他已在店中等我，马上陪我参观。先大略看了看商店的情况，那真是一个琳琅满目的大商店，入口处竖着很大的两国国旗，华灯点缀。这一天，大部分的顾客还没有离开，都在那里等着，真像是偶然碰上了大剧院散戏的情景，

---

[1] 译者注：沃纳梅克（1838—1922），美国实业家，被认为是百货商店的奠基人。

聚集了一大堆人。我就在主人的陪同下，先走着看了一楼的商场，然后乘电梯上二楼。主人首先带我去看厨房，厨房打扫得十分整洁、干净。他给我一一指点：这是为贵宾做菜的地方，旁边是为普通客人做菜的地方，厨师们是这样工作的，等等。紧接着，他带我去看了一个"秘密房间"，说是店内进行秘密商议事务的地方，但其大小差不多能容纳四五千人。

接着去的是进行培训的地方，这里主要为店里的员工提供最需要的职业训练。我们参观这些地方的时间大约是一小时。参观结束，大约七点左右。我回饭店前，他问我，明天早上八点四十五分来我住的饭店，早餐时间有没有问题。我回答说，没问题，我在这之前吃完早饭。

第二天，他七点四十五分就来了，开口就问我："话题很多，可能要聊到中午，有问题吗？"我说没问题。于是，从他创办星期日学校开始，谈到了我的身世，聊得很投机也很深入，结果比预想的时间多了一个多小时。他起身说："快到午饭时间了，我先回去了，下午两点钟我再过来。请您准备好。"

下午两点，他如约而至，说陪我去参观星期日学校的教堂。至于这个教堂是不是他出资修建的，我就不得而知了，不过这确实是一座很壮观的教堂，能容纳近两千人。我们进去时已经有很多信徒在那里。他说："这里通常都是这样的，并不是因为您要来而特意召集的。"

牧师讲完了《圣经》后，接着就是集体唱赞美歌。弥撒结束后，沃纳梅克在自己的演讲中顺便向大家介绍了我，也让我谈谈感想。于是，我也谈了一些对星期日学校的感想。但是，接下来发生的事情叫我有点尴尬，沃纳梅克在大庭广众前，要我放弃儒教，改信基督教，这让我不知所措，苦于回答。

等到这边的事情结束后，我们又立刻去了旁边的"妇女《圣经》研究会"，在那里做了简单的演讲。然后又去一个工人读《圣经》的地方，离教堂大概有两条马路距离。沃纳梅克向工人们介绍说："这位老人是从东方来的，大家都来跟他握握手吧。"于是，四百多个人上来和我一一握手。对方是工人，我的手都被握疼了。

大约到了五点半左右，他说，已跟别人约好见面，六点必须前往，然后我们一起回到饭店。分手前，他说："希望能再见一面，您有没有时间呢？"又问我是几号到纽约。我回答说，"三十号到，要在纽约待到下个月的四号"。他说："这样的话，我二号有事去纽约，到时再见一面吧。几点合适呢？我那天下午有事，三点必须离开。"我说："这样的话，我在两点到三点之间，去你纽约的商店吧。"

二号那天，两点半过后，三点之前，我想：糟了，可能有些晚了，担心会不会耽误他的事情，赶紧前去。一到了那里，他立刻说："能再次见到你，我很满足。"我说："我也很满足。"他又说："没有时间宴请您，只好送几本书给您。"他送给我的是《林肯传记》《格兰特传记》还有其他一些书，他还简单地谈了一下两人的崇高人格。我也当过格兰特将军欢迎委员会会长，所以畅谈了一番就分手了。

他时间安排得非常紧凑，没有丝毫浪费，话也讲得很得体，真令我敬佩。如果都能像他这样合排时间，那么就能提高工作效率了。也就是说，我们平时浪费时间，是因为在工作时间里，手里却没有活做。所以，我们应该互相督促，既不浪费他人的时间，也不要浪费自己的时间。

到底是谁的责任？

很多人经常批评说，明治维新以后的商业道德并没有随着文化的进步而进步，相反衰退了不少。我对此感到疑惑，为什么说道德退步了，或者是衰退了呢？我很想知道说这话的人的理由。如果把现在的工商业者跟昔日的工商业者相比，要问谁的道德观念更强，谁更重视信誉的话，我敢断言，无论是哪个方面，今日的工商业者远比昔日的工商业者要优秀得多。

但是，跟其他事物的进步相比，商业道德的进步还远远不够，这一点我在前面也已提到了。我并不是要反驳世人的看法，只是作为身在这个行业里的人，必须探索产生这种批评的原因是什么，必须使道德能尽快提高到与物质文明并驾齐驱的水平。先前我也提到过，重视道德成了首选，但这并不需要什么特别的工夫和方法，只要在日常经营中稍加注意就够了，所以道德并不是那么高不可攀的东西。

维新以来，物质文明得到了快速发展，可是道德的进步却没有与之同步。因此，这种不相称的情况很容易被发现，以至于被看作是商业道德退步了。从这一角度来看，提高仁义道德的修养，并使之发展到与物质文明不相上下的程度，这个任务已经迫在眉睫。但是，从另一方面来看，如果只看到外国的风俗习惯，并想把它照搬到自己的国家，也有勉为其难的地方。国家不同，道义观念也自然不同，因此，我们要仔细地观察其社会结构中产生的风俗习惯，体会其祖先遗留下来的传统，来努力培养适合自己社会、自己国家的道德观念。

举一个例子来说，《孟子》中有"父召，无诺；君命召，不俟驾"。这也是日本人对于君父的道德观念，意思是说，父亲有所召唤，其子来不及应声就立即起身行动；君主颁下了诏令，作为臣民不能等大驾降临再去做。这是自古以来日本人自然而然养成的习性，跟以个人主义为重的西方的思想是截然不同的。西方人注重的是人与人之间的契约，而日本人认为，在君父面前牺牲个人也在所不辞。所以，西方国家赞赏日本是个忠君爱国观念很强的民族，但也同时批判日本人不遵守个人之间的承诺。可以说，是这个国家固有的习性差异使然。因此，不究其原因就一概而论地认定日本人没有遵守承诺的习惯，商业道德败坏，我认为，这也是没有道理的。

我虽这样说，但我并不觉得现在日本人的商业道德已经很好了，特别是在近来的工商业者中间，有些人的道德观念确实非常淡薄，或者说是自私到极点。作为当事人，我们对这样的批评应该加以注意，有则改之，无则加勉。

铲除功利主义思想

日本素来以大和魂、武士道而自豪，但是日本的工商业者却被说成缺乏道德观念，这实在是件令人可悲的事。究其原因，我觉得这是传统教育的弊端所致。虽然我不是历史学家，也不是学者，不能深刻地究其根源，但是我的看法如下。

孔子说："民可使由之，不可使知之。"（《论语·泰伯》）这种思想贯穿在朱子一派的儒教主义中，维新之前，掌握着文教大权的林家一派①的学说更强调了这种思想。他们把属于被统治阶级的农工商阶层排斥在道德规范之外，同时又使农工商阶层觉得自己没有必要接受道义的束缚。

林家学派的宗师朱子的确是一个大学者，但也是一个嘴巴上说要实践躬行仁义道德，而行动上并不躬亲履行的人物，因此，林家的学风也是如此。儒者讲述圣人学说，俗人则应忠实执行，说的人和做的人是不一样的，其结果，孔孟儒学中的"民"，即被统治的阶层，只是奉命行事，进而产生奴性，以为只要把上面规定下来的事情做好就可以，而仁义道德则属于统治者一边。老百姓只要老老实实地耕种政府发给自己的田地，商人只要会拨算盘珠就是尽到了责任。养成了这种习性的

① 译者注：林家儒学的开山祖林罗山（1583—1657），自学王阳明、朱熹的儒教思想，另辟蹊径，形成日本的儒学思想。其思想受到历代统治者的推崇，但被后人认为是妨碍日本人精神进步的最大原因。

人，怎么会去爱国家，怎么会去讲道德呢？

正如"入鲍鱼之肆，久而不闻其臭"，数百年来养成的坏风气已经把人驯化到忘记恶臭的地步。在这样的环境中，要让人挺身去做一个有道德的君子，谈何容易。而在这样的背景下，新进来的欧美文明又趁机向人们灌输功利主义的思想，更助长了这种坏风气的发展。

在欧美，伦理学也是很发达的，对人品修养的要求也很高。不过，他们的出发点是宗教，这点与日本的民情不尽相同。因而，外来文明中最受欢迎并形成最大势力的不是道德观念，而是在生产致富方面立竿见影的科学知识，也就是有关功利主义的学问。

富贵可以说是人类的欲望，可是对本来就缺乏道义观念的人，一开始就灌输功利主义的思想，正如火上浇油，越烧越旺，其结果也就可想而知了。

现在，有不少出身低微的人，一夜暴富而声名显赫。但是，这些人真的都是始终以仁义道德为本，走正道、守公德，不做问心无愧的事，才发展至今的吗？为了与自己相关的公司、银行等事业兴旺发达而昼夜不歇地尽心尽力，就实业家而论，这样做的确是很了不起的，对其股东也可谓很忠实。但是，如果为公司、银行尽心尽力的精神，仍然只停留在为自己谋私利这一概念上，增加股东的红利也只是为了充实自己的金库，那么只要对自己有利，他也会使公司、银行破产，使股东亏损的。孟子所说的"不夺不餍"就是这个意思。

还有那些为富豪巨商工作的人，表面上看是为自己的主子恪守尽职，可称得上是很忠诚。但是，这种忠义的行为完全是从对自己得失的考虑出发的，原因是富了主家自己也会富。被人看作是管家或下手并不光荣，但如果一个人是因为管家或下手的实际收入优于一般企业家而不顾声名去从事这一职业，这时他的忠诚态度归根结底也只能是停留在利益层面而已。毫无疑问，这样的"忠诚"同样不可被看作是道德规范之内的东西。

但是，世人把这种人看成是成功者，大加赞赏和羡慕，很多年轻人也把这种人当作目标，想方设法要去追随。因此，坏风气盛行，不可阻挡。由此，我们这些从商业者好像全都是不遵守道德的可耻之徒了。孟子说"人性，善也"，善恶之心人皆有之，其中也有不少品格高尚的人物，他们对商业道德的颓废深感担忧，并努力要去拯救这种现象。但是，对手是以往数百年来积累下来的陋习，再加上今日之功利主义思想助长了这种坏的心机，因而，我们就很难使这样的人在一朝一夕之中，立地成佛，变成君子。

尽管如此，我们也不能坐视不管，如仍放任其自流的话，则等于要使无根之枝上叶繁，使无本之树上开花，无论是想打好国家的基础，还是想扩大商权，都是无可指望的。商业道德的精髓对国家乃至世界都有直接的重大影响，因此，必须发扬信用的威力，使日本所有的商业工作者都把信誉作为万事之本，使他们理解信誉有能敌万事的力量，以此作为经济界的基本而加以巩固，这才是重中之重。

对竞争的误解

我们知道，竞争会体现在很多事情上，激烈的如赛马、划龙舟等，其他还有诸如比谁先起床、谁看的书多、看书的速度快。另外，道德也有高低之分，德高的人会受到德低的人的尊敬。但是，跟赛马、划龙舟相比，后者在很多人眼里都不属于激烈竞争的范围，而赛马、划龙舟的话，就会有舍命拼搏的感觉，增加个人财富也有类似的情景，那就是为使自己的财富比别人多而不顾一切要去赢得激烈的竞争，结果，道德观就被抛在一边了。为了达到目的而不择手段，拖累同事、打击他人，甚至不惜自甘堕落。亚里士多德好像也曾说过"所有的商业皆是罪恶"，那是在人文尚未建立起来的时代，虽说是大哲学家的话，也不能囫囵吞枣地接受，就像孟子也说过"为富不仁，为仁不富"，都是差不多的想法。

我认为，之所以会误读这些大道理，是一般的社会习惯造成的结果。元和元年（1615），大阪的丰臣秀吉后人灭亡，德川家康统一了天下，偃武息兵，从这时候起，他所制定的政治方针可以说都是继承了孔子的思想。在此前，日本也曾接触到了中国或西方的一些思想，但由于当时的日本人对那些"耶稣会教徒"似乎抱有恐惧心理，总担心他们有什么阴谋，加上荷兰那边来的书信中也显示了这方面的意图，所以日本社会普遍认为，宗教有可能颠覆国家政府，除了长崎的局部地区以外，都断绝了跟外国的来往。德川家康虽用武力统一了天下，但他统治天下时，用的都是儒家思想。以修身齐家、治国平天下为基本原则来统治国家，成了幕府的治国方针。因此，所谓的武士阶层也都要专门学习仁义孝悌忠信。

就这样，把仁义道德当作统治手段的人，跟劳动赚钱是没有关系的，完全体现了"为仁者不富，为富者不仁"的道理。换个角度说，统治阶层只是消费者而已。因为，生产劳动，是不符合统治阶层身份的事情，所以，属于统治阶层的武士宁可食不果腹也要保全体面。这种心态一直延续至今。所以，武士们相信：既然自己是统治者一边的人，就自然有人来养活自己。同时他们也清楚自己的本分：既然食他人之食，就要为他人而死；乐他人之乐，也要忧他人之忧。由于劳动赚钱跟仁义道德无关，因此，做生意就很容易被看成是万恶之本，这种早在过去的三百年里就已经形成的思想，延续至今。最初，也许用很简单的方法就能扭转这种想法，但是当社会渐渐习惯这种思维方式后，就没有人去指出这一点。本来这种思想里也有很多内容，但渐渐只剩下一些概念。而在武士精神衰退以后，商人变得卑屈，虚伪横行于世。

第九章
教育与情操

孝顺不能勉强

《论语·为政》中有下面两处谈到孝：

> 孟武伯问孝。子曰："父母唯其疾之忧。"

> 子游问孝。子曰："今之孝者，是谓能养。至于犬马，皆能有养；不敬，何以别乎?"

除了上述两处以外，《论语》中还多次提到这个问题。但如果父母强行让子女们行孝的话，反而会使他们变成不孝之子。我也有几个"不肖"的子女，他们将来会怎样，我不知道。对于他们，我只是时而向他们讲解"父母唯其疾之忧"的道理而已，并不要求他们尽孝，也不强制他们尽孝。父母若只根据自己的想法去教育孩子，既有可能使子女成为孝子，也有可能使之成为不孝之子。

同时，如果把不按照父母的意愿长大的子女都看成不孝，那也是大错特错的。如果只按能不能供养父母这一点而论，那么，狗、马这样的动物也都能很好地做到。但子女的孝道并不是这么简单的。不按父母的意愿去做，不经常在父母身边供养父母的子女，并不一定都是不孝之子。

这样看来，就像是在自吹自擂，实在有些惭愧，但这是事实，所以我才敢大胆地说。大概在我23岁时，父亲对我说："从你18岁左右的情况看，的确与我有所不同。你书读得好，做事也很灵活。依我的想法，是想把你永远留在身边，按照我的意愿去做。但是，这反而会使你成为不孝之子，所以，以后我不会让你按我的意愿去做，由你按自己的想法去做。"

正如父亲所说，那时从文字表达能力来看，说句不逊之言，或许我已超过了父亲，另外，在很多地方，我都表现得比父亲聪明、灵活。倘若这时父亲强迫我按照他的意愿去做，认为这样做就是孝道的话，那么，我可能会去反抗父亲，反而成为不孝之子。

值得庆幸的是，我父亲没有这样做，而我虽然孝尽得不够好，但也没有成为不孝之子。这完全是父亲不强迫我尽孝，以宽宏的态度来对待我，使我能按照自己的意志去发展的结果。孝行并不是在父母指出之后，子女做了，才叫尽孝，而是父母让子女自己去尽孝。

由于父亲以这样的态度对待我，我自然受到了他的感化，所以我对自己的孩子也以同样的态度去交流。我这样说，听起来也许有点傲慢，但是无论如何，由于多少比父亲有点长处，所以我在行动上完全不同于父亲，与父亲有所差别，没有成为像父亲那样的人。我的子女将来会如何呢？我不是上帝，不能断言，但从现在的情况看，他们跟我是有所不同的，在这一点上，正与我和父亲的不同相反，一定要说的话，就是他们不够好。

但是，责备孩子们与我不同，要求孩子们按我的意愿去做，这样的事情我也是做不到的。退一步说，不能成为像我一样的孩子也自然有他的理由。因此，无论我怎么勉强，想让所有的子女都按我的意愿去做，结果仍会有孩子无法达到我的要求，最终成为不孝之子。因为达不到我的要求，而让孩子变成不孝之子，这又于心何忍？

所以，我不勉强子女们来尽孝，并规劝所有做父母的人，如果你用应该尽孝的这种思想去支配孩子们，而子女们却不能完全做到时，也不要因之而视其为不孝。

现代教育的得失

正如以前的社会与现在的社会不同，以前的青年与现在的青年也是不同的。我二十四五岁时，也就是明治维新前，那时的青年与现代的青年，因为境遇和所受的教育都截然不同，所以要判断孰优孰劣，不是一句话所能说得清楚的。有些人认为，过去的青年既有气概，又有抱负，远比现在的青年优秀，而现在的青年轻浮，没有朝气。对此，我认为不能一概而论。

为什么这样说呢？因为这是把过去少数优秀的青年同现在的普通青年相比，作这样那样的比较，多少是有些不妥的。现在的青年中也有优秀者，而过去的青年中也有不够优秀的人。维新前，对士农工商阶级的划分极其严格，即使在武士阶层中，也有上士和下士之分。在农民商人之间，也有几代都是地主并担任村长等职务的人，和一般的农民、商人就有区别，他们之间的风气和所受的教育自然也有所不同。由此来看，以前的青年中，武士阶层及上层的农民、商人与一般的农民、商人就不同，而其所受的教育也因而不同。

以往，武士阶层以及上层的农民、商人，在青年时代，多数都是学过中国古代汉籍的人，最初学《小学》《孝经》《近思录》等，然后要学《论语》《大学》《孟子》等。一方面，进行身体的锻炼，另一方面，还要培养武士精神。而一般的农民、商人虽也接受一些教育，但只不过是学些极其粗浅的实用语文，如《庭训

211

往来》那样的东西，此外还学些加减乘除、九九诀之类的东西。因此受过高级教育（汉籍教育）的武士们理想高，有见识；而一般的农民、商人因为只学了一些通俗的东西，所以大多是没有学问的人。

当然，现在提倡的是四民平等，不再有贵贱贫富的差别，大家都能接受同样的教育。换句话说，岩崎、三井（指三菱和三井两大财阀）的儿子和大杂院里平民的儿子受到的都是同样的教育，因此，在多数青年中出现品性不佳、不学无术的情况，大概也是不可避免的事情。所以把现在的普通青年同过去少数武士阶层的青年加以比较，厚此薄彼，我认为这并不恰当。

现在，在受过高等教育的青年中，与过去的青年相比，也有不少毫不逊色的人。过去，只要有几个优秀的人才就可以了，因此实施的是培养少数精英分子的教育，而现在则是大多数人都能平等接受的常识教育。过去的青年为选择良师而费尽心血，有过这样佳话：熊泽蕃山去中江藤树的家请求收为弟子，未得许可，竟连续三天等在其家门外。最终，中江藤树被他的热诚打动，收他为门人。其他如新井白石对木下顺庵、林道春对藤原惺窝，都是选择良师以修学养德的典范。

然而，现代的师生关系却完全乱了，师生之间缺乏美好的情谊，这实在令人寒心。现在的青年不尊敬自己的老师，学生在学校把老师看成是说相声的，或称之为说书先生，说他们课讲得不好，解释得不清楚，等等。这些作为学生来说都是不应有的行为。从另一方面看，这也是由于大学学科制度的不同所造成的。学生要接触很多老师，以至于把师生关系完全搞乱了；同时，教师中也有对学生不爱护、甚至讨厌学生的人。总而言之，青年必须接触良师，并陶冶自己。

把过去的学问同现在学问比较来看，过去专注教授培养精神方面的学问，而现在是学全面知识的时代。以前读的书籍全都是论述精神修养方面的内容，自然在实践中就会体现出这一点，诸如修身齐家、治国平天下等，总之教的是人间正道的大义。

《论语·学而》中说，"其为人也孝弟，而好犯上者，鲜矣；不好犯上，而好作乱者，未之有也"，又说"事君，能致其身"，主张忠孝主义，并进一步发展到仁义礼智信的思想。另外，还注重培养同情心、廉耻心，重视礼节，重视勤俭的生活。所以过去的青年在修身的同时，自然以天下国家大事为己任，朴实而重廉耻、贵信义的风气很盛。与此相反，现今的教育重智育，从小学起，就要学很多科目；进入中学、大学之后，更要学习大量的知识，这样就忽视了精神方面的修养。学生没有精力去学有关精神方面的学问，所以，年轻人的素质就很令人担忧。

总的说来，现代的青年误解了修学的目的。在《论语》中，孔子就感叹过："古之学者为己，今之学者为人。"这句话用于现在，也完全适合。现在的青年往往只是为学问而去做学问，并没有树立明确的目的，只是糊里糊涂地去学，其结果就是，在实际走上社会之后，往往会发出"我为什么而学"这样的疑问。只要学好学校的课程，就能成为伟人，受到这种思想的洗脑，就不考虑自己的境遇、生活状态，一心只想上大学，并选择并不适合自己的学科，结果导致后悔。我认为，一般的青年应该根据自己的财力，在小学毕业之后，去学一些专业的学科，掌握实用的技术。同时，想接受高等教有的人也应在上中学时就去考虑，将来应学习什么专业，要树立明确的目标。如果由于肤浅的虚荣心而误解了学习培养精神的道理，那么不仅会耽误青年自身，而且也将成为国家活力衰退的主要原因。

母亲的影响

如果现在还像封建时代那样，对妇女不加教育，甚至轻蔑地对待，这样做是不是对呢？还是对妇女也进行相当程度的教育，并教以修身齐家之道呢？这一点，即使我不说，大家也是十分清楚的。教育，不能因为是女孩子就敷衍了事。关于这一点，我认为有必要先谈一下妇女的天职——培养子女的问题。

妇女和她的子女具有什么样的关系呢？从统计上看，可以说，善良的妇女大多能生出善良的子女；让优秀的妇女接受教育，就能培养出优秀的人才。孟子的母亲、华盛顿的母亲，就是这方面的典型例子。在日本，楠木正行的母亲、中江藤树的母亲，也都是大家所知道的贤母。更近一些，如伊藤（博文）、桂（太郎）[①]的母亲也都是贤母。

总之，优秀的人才大多是在家庭中受到贤母影响的人，这种例子比比皆是。伟人或贤明睿智的人，在很多方面靠的是善良贤惠的母亲，这并不是我的一家之言。由此来看，让妇女接受良好的教育，启发她们的智能，培养她们良好的品德，不仅是为了这个妇女自身，而且还能间接地培养出品德善良的国民，所以，一定不能忽视女子教育。然而，应该重视女子教育的理由还不止于此，我想进一步谈谈女子教育的必要性。

明治以前，日本的女子教育完全是按照中国的思想

---

① 译者注：桂太郎（1847—1913），曾三次出任日本的首相。

进行的。但是，中国对女子的教育是消极的，中国的思想认为，女子必须坚守贞操，应该柔顺、细心、优雅、忍耐等。重点是精神方面的教育，但对有关智慧、学问、学理等方面的知识，却既不鼓励，也不传授。

幕府时代，在这种思想下，日本的女子接受的也主要是这样的教育，贝原益轩的《女大学》被看作是那个时代唯一的、最好的教科书。也就是说，知识学科方面的教育完全被忽视，重点都被放在如何约束自己这样消极的方面了，今天日本社会中的大部分妇女接受的就是这样的教育。

进入明治时代以后，女子教育虽然有了一些进步，但是受过现代化教育的妇女还是很有限，没有什么影响力。因此，今天的妇女实际上还没能走出《女大学》的世界观，这么说也并不为过。虽说今天的社会，女子教育很流行，但是仍然未能使社会充分看到什么效果，可以说尚处在女子教育的过渡期。

那么，专家们是不是应该对今天的女子教育的好坏加以探讨和评论呢？更何况妇女只是生育工具的时代已经过去，而且也不能像过去那样，对妇女加以蔑视和嘲弄了。

我们对妇女应该采取什么样的态度？即使先把基督教义放在一边，也应该从走人间正道的角度去看这

216

个问题。难道我们要一直把妇女看成是生育的工具吗？如果人类社会应该重视男性的话，那么也应该同样地去重视妇女，并让妇女在社会组织结构中承担一半的责任。

中国的古代先哲曾说："男女居室，人之大伦也。"（《孟子·万章上》）这就是指女子也是社会的一员，国家的一分子。既然如此，那么就要排除旧有的轻视妇女的观念，要让女子也像男子一样接受德智体全面发展的教育。如果男女互相配合从事工作，那么过去若只动用了国民中的 2 500 万人的话，现在不就能动用 5 000万人吗？这就是必须大兴女子教育的原因所在。

问题到底出在哪儿

师生之间的关系理应是重情谊的、相亲相爱的。这一点，地方学校做得如何，我不得而知。但据我所知，在东京的学校，师生之间的关系非常淡薄。举个反面例子来说明吧。学生对老师的批评，就好像上课是听相声一样，说这个人的讲义没什么意思，那个人的讲话太长了。更有甚者就是专挑老师缺点，然后加以评头论足。

过去的师生感情也不一定都很密切，就说孔子，据说他有三千弟子，他们不一定能经常见面或者一起进行讨论，而其中精通六艺①的只有 72 人，他们看上去是常同孔子进行讨论的人。这 72 人看似完全受到孔子人格的感化，以这样的师生关系为例来说明，可能不是很妥当。然而，我们来看今日之中国，虽说已经不能成为我们的榜样，但是孔子的道德观并没有因此而改变。不能因为现在中国国力衰弱了，就去轻蔑孔子；也不能因为过去中国是个强国，而去尊重桀纣。我认为，孔子对弟子的指导方法，显示了良好的师生关系。当然，我并不是要求今天的大家也都去追求这种关系。

日本的德川幕府时代，师生之间的感化力也是很强的，情谊也很深厚。对这一点，我们可以来看看熊泽蕃山是如何师事中江藤树的。蕃山是一位相当清高的人，可谓是一位威武不能屈、富贵不能淫，连天下的诸侯也不放在眼里的人，他虽然为当时备前（现冈山县一带）的诸侯效劳，作为老师得到尊敬，并且在施政上也是很有见地的人。但在中江藤树面前，他却像一个小孩，被中江拒绝收留为弟子后，在中江家门口坚持等了三天三夜，终于感动了中江，被收为弟子。他们俩之间的关系相当深厚，这主要是因为中江

---

① 译者注：指中国古代儒家要求学生掌握的六种基本才能，即礼、乐、射、御、书、数。

藤树的德望能感化人之故。

　　其他还有很多诸如此类的例子，当然我所知道的大多是汉学方面的师生关系，他们彼此间毫无隔阂，亲密交往。可是，现在的学生对老师的态度，就像去听相声那样，可以哄笑，可以评头论足，对老师这也不满意那也不满足，这种风气实在令人担忧。造成这样的结果，不得不说，是老师的责任。老师在德望、才能、学问、人格方面不做再进一步的努力，就不能使学生产生敬仰之情。所以，我不得不在这里说，是为师者出了问题。

　　同时，我也要说，学生的素质也非常不好，对老师缺乏尊敬，已经成为普遍现象。其他国家的情况，我不太了解，但我觉得英国这个国家的师生关系并不像日本现在这样。虽然日本也不乏优秀的教师，他们也并没有像我现在所讲的那种情形，有些方面可能也有像中江藤树这样的人，但为数极少。由于教育尚处在过渡时期，短时间需要大量的教师人才，良莠不齐的现象很严重。但我想，这不应该成为误人子弟的理由。

　　我认为，既然要教人，就应该对自身多加反省。同时，作为学生，也要以十分尊敬的心情去接近老师，互相磨合、培养师生的情谊。如果学校的老师能常深入学生之中、关心学生，那么即使不能全面创造良好的风气，至少也能防止不良现象的出现。

实际重于理论

从现今日本整个社会来看，我觉得现在的中等教育弊端尤为严重——教育只是把重点放在传授知识上。换句话说，不注重德育方面的发展。再看看学生的精神风气，与过去的青年不同，缺乏一鼓作气的勇气、努力和自觉。

这样说，绝不是为了吹嘘我这个过来人有多了不起。现实是，当今的教育科目众多，这也要学那也要学，学生都一味去追求拿到这些众多科目的学分，根本抽不出时间来专注于人格、常识等方面的修养，这也是自然趋势，真是令人遗憾至极。现在已走上社会的人姑且不论，希望今后步入社会并想发奋努力、为国家尽心的人在这方面也多加注意。

不过，就与我关系最密切的实业方面的教育来看，过去连实业教育这个学科都没有。即使在维新以后，到明治十四五年（1881 年和 1882 年）左右，在这方面还见不到有什么进步，像商业学校那样的新生事物，其发展也不过是这二十年左右的事。

只有当政治、经济、军事、工商业和艺术等方面都

220

有所发展之后，文明的进步才会显现出来，缺少其中任何一项，都不是完全的发展，不能称之为文明的进步。然而，在日本，作为文明一大要素的工商业却长期不被重视。回过头来看看欧洲各国列强，其他方面当然也在发展着，但其中特别发展的是实业，即工商业。在日本，近年来，实业教育开始受到重视，并有了一定的进步和发展。但可惜的是，说到教育方法，则与上述的其他教育方法并无二致，仍然急于将力量偏向于理论知识方面，而对纪律、人格、道义等方面则置之不顾。虽说这是时代风气所迫，无可奈何，但也实在令人可叹。

身处实业界，除充分具备上述的各种素质以外，还必须重视的一件大事，就是要有自由意志。从事实业的人，如果像军人一样，什么事情都要一一等待上司的命令，只怕会错过好时机。也就是说，如果一个商人像军人那样去等待命令的话，就难以有任何发展，其结果，只是一味地偏重于听话，只看见自己眼前的利益，就会陷入孟子所说的"上下交争利而国危矣"的状态。

出于对此的忧虑，多年来，我一直默默地努力在自己身边的实业教育中使智育和德育平衡发展。虽然还有不足之处，但多年的努力渐渐也有所成就了。

孝，不是概念里的东西

德川幕府中叶出现了"心学①"。这种学问将神道、儒、佛这三种教义合在一起，用通俗易懂的语言进行解释，并致力于提倡实践道德。在德川幕府第八代将军吉宗的时代，由石田梅岩率先开始倡导，著名的《鸠翁道话》等也出于这一派之手。梅岩门下还出了手岛堵庵、中泽道二两位名士，由于他们两人的合作努力，心学在日本得到了普及。

我曾经读过中泽道二所著的《道二翁道话》一书，书中记载有关于近江和信浓②两地孝子的故事，至今尚未忘记，非常有趣。我还记得这个故事的题目是《孝子修行》，但是两个人物的名字是什么，已经不记得了。

内容大概是这样。近江有一个有名的孝子，因为知道了"夫孝天下之大本也，依百行所生"的道理，日日夜夜担心自己没尽到孝道。他听说信浓也有个有名的孝子，就想去讨教一下怎样才算是给父母尽孝这一问

---

① 译者注：在中国，心学主要是指王阳明的思想体系，是一种强调实践的学习，比如孝顺父母，心中有这个意念还不能算作孝，必须在实际行动中有所体现。这里指的是在日本独自发展起来的"心学"。

② 译者注：近江和信浓均为地名。

题，于是前往信浓会见这位孝子。

为了修行孝道，他从近江出发，千里迢迢，翻山越岭，到了夏天也仍然凉爽的信浓。好不容易才找到信浓孝子的家时，已过了中午。当时家里只有老母一人在，显得非常孤寂。他问："令郎现在何处？"老母答："上山干活去了。"近江孝子把来意告诉了信浓孝子的老母，于是，老母就对他说："儿子傍晚时定回来，请在屋里等吧。"他也就不客气，到屋里坐了下来。到了傍晚，信浓孝子，背着在山上砍来的一捆柴回来了。

这时，近江的孝子为了能更好地了解信浓孝子的行为，没马上出来打招呼，而是在里屋观察外面的情况。只见信浓孝子背着柴，一屁股坐到了屋檐下的走廊上。柴很重，他一个人没法卸下来，他就对母亲说："帮个忙！"于是，老母就去帮他卸下柴。这使近江孝子感到有些意外。而信浓孝子并不知道有人在偷看自己，对老母说："脚被泥弄脏了，端点水来给我洗洗。"洗完了脚，又说："给我擦一下脚。"随意指使老母去做这做那。而老母则显得非常高兴，笑嘻嘻地按照儿子说的那样去做，无微不至地照料她的儿子，这使近江孝子又惊奇又感到不可思议。

信浓孝子在脚被母亲洗净后，坐到了炉子边。近江孝子想，不知接下来还有什么，却见信浓孝子伸出了脚说："走累了，帮我揉揉吧。"老母一点都没有不乐意的样子，就给他揉了起来。一面揉一面告诉她儿子说，有位客人从遥远的近江来，正在里屋等着呢。听到这里，信浓孝子就说"那快去见见吧"，起身三步两步来到近江孝子正在等待的那间屋里。

近江孝子施礼之后，把来意详细地告诉了信浓孝子，说是为了学习他的孝道而来的。交谈之中，转眼到了晚饭时间，信浓孝子就让老母准备晚饭，招待客人。在母亲打理晚饭的时候，信浓孝子也没有要去帮助母亲的意思。饭菜端上之后，他也坦然地让母亲侍候吃饭，还说："哎呀，汤太咸了！饭怎么做成这样了呀？"不停地抱怨。这时，近江孝子再也看不下去了，大声指责："我听说您是天下有名的孝子，为了学习孝行，特意从遥远的近江前来求教，但从刚才所看到的情形，实在感到万分意外。您不仅丝毫没有爱护老母的样子，而且还训斥老母，这成何体统！您这算是孝子吗？简直就是大不孝！"

对此，信浓孝子的回答非常有趣。他说："你口口声声说行孝，的确行孝是所有善行的根本，但是有意做出来的孝不能说是真实的行孝，而无意的举动才是真实的孝行。我让年迈的老母做各种事，甚至让她给揉脚，是有理由的。老母看到儿子从山上干活回来，就会想儿

224

子一定是累了。为了让她知道我理解了她的这个心情，我就伸出脚，让她给我揉揉。在招待客人的时候，母亲一定不希望自己有什么不周到之处而让儿子不满意，为了让她知道我理解了她的这种心情，所以，我就对她做的汤和饭挑剌。我所做的这一切都是按母亲的心思和意愿去做的，也许这就是大家评价我是孝子的原因吧。"

听了信浓孝子的回答，近江孝子幡然醒悟，认识到孝行的根本在于什么事都不勉强，一切任其自然，而为了孝行去尽孝的自己，的确还有许多不及之处。这就是《道二翁道话》中有关学习孝道的教诲。

人才过剩的一大原因

经济方面有供需的原则，这个原则同样适用于在实际社会进行活动的人才。不用说，社会上的所有行业都有一定的范围，只雇用所需要的人，超过这个范围就不需要了。但另一方面，每年都有很多人从学校毕业。像我们这样尚未完全发展的实业界，还不能充分使用好人才，也不能满足所有人才的要求。

特别是当今受过高等教育的人才已呈现过剩的趋势。一般受过高等教育后的学生，自然会抱有从事高尚事业的理想，所以只要没有出现人才供给过剩的情况，学生们是不会放弃自己高尚的理想的。年轻人有这样的理想，作为个人来说，当然是件令人高兴的事情，但从一般社会来看，或者从国家的层面来考虑的话，又如何呢？我觉得，这就未必是一种可喜的现象。

因为社会的情况并不是千篇一律的，因而所需要的人才也是各种各样的。高的应该是像公司社长那样的人物，低的则是像杂役、车夫那样的人才，都是社会所需要的。然而能当人上人的自然是少数，而社会对甘于在人手下干活的人的需求则是无限的。

因此，学生们如果愿意在别人手下干活的话，那么在今天的社会里就不会有人才过剩这一问题。但在今天的普通大学生中，除了极少数以外，都是可要可不要的，而他们大多都立志要当人上人。也就是说，他们掌握了学问，知道了一些高尚的理论，不想傻乎乎地到别人手下去干活。

同时，在教育方针方面也有些不对头的地方。现在的教育方针认为只要进行灌输知识的教育就够了，所以培养出来的都是一个模子里刻出来的人物，他们忽视了精神修养，不懂得一个人应该能上能下的道理，一味地自以为是。这样下去，自然就会出现人才供应过剩的情况。我并不是想用"寺子屋"时代的教育来做比较，但是，在人才的培养方面，过去虽然也不完全，但也有它做得很好的地方。

　　与现在相比，过去的教育方法是极为简单的，就拿教科书来说，四书五经加八大家文之类就已经到顶了。而培养出来的人才，却不完全是同一类型的，其原因是：由于教育方针不同，学生们也都分别朝着自己的长处发展，各有各的特色。优秀的人会步步提高，向着高尚的工作而努力；愚钝的人则不会怀非分之望而安于低微的工作。人人各得其所，也就不用担心人才使用方面的问题。

　　今天的教育方法固然很好，但由于误解了其精神，所以学生们既不知道自己是不是有才华，也不清楚自己适合做什么工作，只觉得，既然所受的教育相同，别人能做到的事情，我也一定能做到，从而产生自负的心理，甘心做低微工作的人则越来越少。

　　过去的教育是百人中出一个秀才，而今天的教育则相反，其长处就是能培养出九十九个普通的人才。遗憾的是，由于误解了其精神，所以造成了今天这样中等以上人才供应过剩的结果。欧美先进国家所采用的也是同样的教育方法，而在那些国家因教育而产生的弊害并不多。尤其像英国，与日本现在的状态大不相同，极重视培养具有充分常识和有人格的人才。

　　本来，像我这样外行的人，不应该对教育问题说三道四，但从大体上看，产生今天这种结果的教育，我认为不能说是很健全的。

　　日知其所亡，月无忘其所能，可谓好学也已矣。
　　　　　　　　　　　　——《论语·子张》
　　谓学不暇者，虽暇亦不能学矣。
　　　　　　　　　　　　——《淮南子·说山训》

第十章
成败与命运

唯有忠恕

"业精于勤，荒于嬉"（韩愈《进学解》），世界上的很多事情都在这句话里了。如果你以极大的兴趣和热情去投入工作的话，那么无论多么繁忙、多么烦琐、多么倦怠或厌恶，也不会感到痛苦的。反之，如果对一个工作完全没有兴趣，不情不愿地去做，就必然会产生倦怠感，接着是讨厌、不满，最后必然会抛弃这个工作，这是很自然的事情。

前者精神饱满，在愉快之中发现了自己的兴趣，这种兴趣又给你带来工作的热情，热情又带来了事业的展开，事业的展开又会给社会带来公益。而后者则是精神萎靡，心情郁闷，怏怏不乐，由倦怠而导致疲惫，由疲惫而带来人生一蹶不振的结果。

把前者与后者对照起来，试问诸位选择哪个呢？大家一定会很明确地回答说，选择前者是明智的，选择后者是愚蠢的。此外，世人还喜欢把运气的好坏挂在嘴边，但我觉得，人生运气中的一二成是命中注定的，即使是这些早已决定好的命运，如果你不去努力开拓，也是抓不住的。

愉快工作和自取灭亡，这两者绝不只是由命运好坏带来的结果。大家也一定只希望有好的结果，而不希望发生坏的结果吧。那么就请大家以巨大的兴趣和热情来从事各自的工作，并不断地充实工作的内容。

特别是诸如慈善救助事业，由于其性质特殊，在各种处理上都需要特别注意，还要尽可能地丰富其内容，而不留下遗憾。话虽如此，但也不能只求充实内容，而忽视了形式，这也有失妥当。大凡各种事业，内外都应保持平衡，必须避免成为形式的奴隶。

毋需多言，本院①（东京市养育院）从建立到现在（大正四年，即 1915 年 1 月），共收留了两千五六百个贫民，其中只有少数人是例外的，比如动机善良却给自己带来灾难的人，或是在旅途中病倒的人，其余大多数人都是所谓自作自受之辈。尽管他们是自作自受，但如

---

① 译者注：由涩泽荣一在 1872 年创办的一个福利机构，其目的是保护和帮助穷人。几经整改，现改名为东京都健康长寿医疗中心，属于地方独立行政法人，由东京都管理。

果不以同情心去对待他们的话，也是很有问题的。这是因为我们须臾也离不开人道主义，用古语来说，就是离不开"忠恕"两字。因此，希望大家认真对待这个工作，而且还要有仁爱之心。我并不是说要对他们始终加以优待，但在工作中对他们要有同情心。

希望大家很好地领会这个道理，必须在工作中把这个道理体现出来。此外，大家也都是医务工作者，如果只是把收留的患者作为自己研究的对象，那就不好了。研究也有个程度的问题，绝对不能说是坏的，可我希望大家把治疗患者放在第一位，护士们也一样，对患者要亲切。患者们在精神上都有很多缺点，是这个社会的落伍者、人生的输家，因而我们应该用上述的忠恕之心来同情他们。忠恕是人所应走的道路，是立身的根本，也掌握着一个人的命运。

失败与成功的反转

说到中国的圣贤，首先就会想到尧、舜，然后是禹、汤、文、武、周公和孔子。但是，尧、舜、禹、汤、文、武、周公等人，在所有圣贤中，用今天的话来说，都是成功人士，都是在生前就已经取得了丰硕伟绩，并受到世人尊崇。然而孔子并不在他们之列，他生前曾遭受无辜之罪，困于陈蔡之野，饱尝艰难，在社会上也没有显而易见的功劳。但是，千载之后，从今天来看，孔子的崇拜者远远胜于生前政绩显赫的尧、舜、禹、汤、文、武、周公，尽管他生前并不是成功者。

在中国这个国家的民族气质中有一种奇特的现象，就是对英雄豪杰的坟墓草草处置，且都不以为怪，但是，对圣人就不是如此。我的一个朋友白岩君，是个中国通，我曾跟他提起这个问题。他告诉了我很多事情，还给我看他发表在《心之花》① 杂志上的游记，读了他的文章，我才明白了很多事情。山东曲阜有专门祭祀孔子的孔庙，中国人极其郑重地将它保存下来。建筑物庄严、美观，孔子的后裔至今仍受到特别的尊敬。但是，孔夫子在生前，既没有像尧、舜、禹、汤、文、武、周公那样显赫的政绩，也没有身居高位，更没有富甲天下的财产，用现在的标准来看，是不成功的。但这个不成功绝不是失败，反而应该说是真正的成功。

如果只以眼前所看到的事情为依据，论其成功或失败，那么在凑川矢尽刀折而倒在沙场的楠木正成应该是一个失败者，而登上征夷大将军之位、威震四海的足利尊氏的确是一个成功者。但是，今天却没有人崇拜尊

---

① 译者注：《心之花》创刊于 1898 年，是一本以发表和歌为主的文艺杂志。创刊人为著名和歌诗人佐佐木信纲。

氏，而正成的崇拜者至今不绝。就这样，生前成功的尊氏反成了永远的失败者，而生前失败的正成却反而成了一个永远的成功者。菅原道真和藤原时平也是如此。时平在当时是成功者，而道真却被诬告而获罪，流放至九州太宰府，不得不天天望月长叹。不用说，道真在当时是失败者，但是，在今天道真被当作太宰府的天满神，日本各地都有祀奉道真的神社。因此，道真不是人生的失败者，反而是真正的成功者。

依据这些事实来推论，可以很清楚地知道世人所说的成功未必是成功，而世人所说的失败也未必就是失败。公司和其他一般营利事业一样，是以获得物质利益为目的的，如果失败，就会给投资者和其他许多人带去麻烦，造成很大的损害，所以无论如何都必须力求成功。但是，对精神方面的事业，如果也目光短浅，只顾眼前的成功的话，那就会受到世人的指责，不仅不能对社会的进步有所贡献，还将以永远的失败而告终。比如，发行报刊，想要呼唤世人的觉醒，记者们为了达到这个目的，而不惜逆流而上，不向社会妥协。有时这样的行为会给自己带来灾祸，变成世人所说的失败者，甚至不得不尝遍人生的辛酸苦难。但是，这绝不是失败。虽然一时看起来是失败，但是长时间的努力绝不会化为零的。等到有一天，这个社会得到了这个努力所带来的好处，就一定会承认此人的功劳。这样的成功不一定要等到千年以后，十年二十年后就可能成为现实。

一个以文为生的人，或者从事其他跟创造精神文明有关工作的人，如果你想在生前就获得所谓的成功，那么很可能你会去阿谀奉承时代的潮流，急于求成，去做一些于社会发展不利的事情。但是，创造精神文明也不是一个空喊口号、堆砌辞藻的工作，而是要触及人生根本的一项事业。如果你不去努力的话，百年以后，即使黄河水变清，你也不会是一个成功者，而是一个失败者。如果你尽了自己最大的努力，也许生前并没有太大的成功，但是只要能留下像孔子那样的精神遗产的话，那就不是失败。孔子的精神遗产，至今仍在为提高人们的精神境界做出贡献，对全世界成千上万的人来说，他提供了得以安身立命的精神寄托，使后代受益无穷。

尽人事，待天命

天是什么？我成立的归一协会经常对这一问题进行议论。一部分宗教家把天解释成一种精神性的动物，认为它是有人格的灵体，如同人能活动手足一样，不仅能赐给人幸福、能降下不幸，而且如果你祈祷或求助的话，天也能答应，或者再给你两三条命什么的。但我认为，天并不是像这些宗教家们所说的那样有人格、有人体的；天也不会因为你是否祈祷，就左右你的命运，幸或不幸。天命是在不知不觉中自然运行的，并不是像魔术那样不可思议的存在。

说这是天命，那也是天命，说到底，这是一种不负责任的态度。说白了，天根本不知道你是什么想法。所以，人畏天命，就是承认这个地球上有人力所无法拥有的某种巨大的力量存在。我不认为只要尽了人力，即便是勉强的事、不合理的事，也一定要做到底。我们要以恭、敬、信来对待天。明治天皇的《教育敕语》讲的是所谓通之古今而不谬、施之中外而不悖的道理，它要求我们坦坦然走在通向长安的大道上，不以人力而自骄，不要去做勉强的、不合理的事。所以，我认为，把天、神、佛解释成具有人格、有人体、能左右感情的东西，是极其错误的观念。

天命就像四季依次循环运行一样，不论你是不是意识得到，它都在万事万物中运作着，因此对天命一定要报以恭、敬、信的态度。如果你相信这一点，那么就能真正了解"尽人事以待天命"这句话中所包含的意义了。因此，在实际社会中，如果碰到应如何阐明"天"这个问题，那么我想用孔子所解释的那样来加以解释，既不把它看作有人格的精神性的动物，也不把在天地之间和社会中所发生的因果报应当作偶然的事件，而是把它作为天命，以恭、敬、信的态度相待，这才是最理性的态度吧。

湖畔感想

大正三年（1914）春天，我去中国旅行。五月六日到了上海，次日乘火车抵达杭州。杭州有一个著名的景点——西湖，湖畔有一块岳飞墓碑，石碑对面大约五六步远的地方，有当时的权势之臣秦桧的跪像。岳飞是宋代的名将，当时，宋金之间频频交战。由于燕京被金所夺取，宋只能偏安南方，称为南宋。岳飞奉朝廷之命出征，破金大军，眼见将收复燕京时，奸臣秦桧收了金的贿赂，让宋高宗召回岳飞。岳飞知是这个奸人所为，就陈词说："十年之功，毁于一旦""非臣不称臣职，实乃秦桧误君"。岳飞最后还是以谗言罪被杀。

现在，忠诚的岳飞同奸臣秦桧仅隔数步之遥相对而处，实在是个讽刺，对照之巧妙令人感慨。今天前去瞻仰岳飞墓的人们还都跟当年一样，不禁热泪盈眶，同时也朝秦桧的跪像上撒尿。岳飞死后这么多年，人们依旧对忠奸如此分明，实在是件令人痛快的事情。

在今天的中国人中，应该说既有像岳飞这样的人，

也有秦桧式的人物。人们瞻仰岳飞墓，而向秦桧的跪像
撒尿，这种行为可能是源于孟子的"人性善"。通天的
赤诚依旧深入人心，千年之后，其德仍得到仰慕。因
此，人的成败，不待盖棺不能定论。日本的楠木正成与
足利尊氏，菅原道真与藤原时平，亦是如此。瞻仰了岳
飞墓后，我更加感慨万千。

顺境与逆境

　　假定有这么两个人。一个既无地位又无财富也没有
人提拔他，也就是说，在这社会中，能使其发展并兴盛
的因素极为薄弱，而能使其立足于社会的唯有在学校学
到的知识。但是，此人具有非凡的能力，体格健全，而
且还十分好学，一切行为都是中规中矩，无论让他做什
么事，他总能做得使先辈安心，而且还能好到超出上级
的预想，因此所有人都十分称赞这个人的作为。不管这
个人是做官还是在民间，言必行，业必成，终于有朝一
日获得成功。很多人只从侧面来看这个人的身份地位，
就马上认为这是个处于顺境中的人，但实际上他的处境
既不属于顺境，也不属于逆境，他只不过是凭自己的力
量创造出这样的境遇而已。

　　而另一个人生来懒惰，在学校里，各门功课都不及

格，勉勉强强毕了业，走上社会。本应该凭学到的东西来处世立身，但由于不明事理，而且不求上进，虽然找到了工作，但做不好上司所交代的事情，反而在心中愤愤不平，因不能忠心耿耿地去工作，而不受上司的待见，最终被炒了鱿鱼。回到家里，也为父母、兄弟所疏远，在家庭中是个没有信用的人，在乡里也没有信用。这样一来，他感到不平不满的心态越来越膨胀，开始自暴自弃，如果这时再有恶友加以巧言诱惑，就会走上歧途，当然就无法回到做人的正道上来，不得不彷徨于穷途末路之中。在一般人眼里，这是个处于逆境的人，而且怎么看，他也的确像是在逆境之中。但实际上并非如此，所有的结果都是他自己所招致的。

韩退之在勉励其子的《符读书城南》诗中说："木之就规矩，在梓匠轮舆。人之能为人，由腹有诗书。诗书勤乃有，不勤腹空虚。欲知学之力，贤愚同一初。由其不能学，所入遂异闾。两家各生子，提孩巧相如。少长聚嬉戏，不殊同队鱼。年至十二三，头角稍相疏。二十渐乖张，清沟映污渠。三十骨骼成，乃一龙一猪。飞黄腾踏去，不能顾蟾蜍。一为马前卒，鞭背生虫蛆。一为公与相，潭潭府中居。问之何因尔，学与不学欤。"

这首诗主要是为勉励勤学而写的，但也能从中知道，顺逆二境能造成不同的结果。总而言之，素质本来不好的人，怎么教也是学不进去的；而素质好的人，不教也会主动去学，这就是所谓的自然会造就命运。因此，从严格意义上来说，这个社会并不存在什么顺境、逆境。

如果某人有出众的智慧，再加上不断地用功学习，就不会处在逆境中，没有逆境也就自然不需要顺境这样的说法了。因为有人陷入自己造成的逆境，所以就有了与此相对的顺境这一说法。比如，一个身体虚弱的人，天气冷了会感冒，天太热了闹肚子疼，就把原因统统怪罪于气候，而闭口不提自己的体质差。

如果在没有得感冒、肚子也不疼时，把自己的身体锻炼得强健一点的话，就不会在气候有变化时发病了吧。平时不注意，自然就容易生病。然而在得病以后，不想想自己的责任，反而埋怨天气，这和把自己造成的逆境归罪于天是同一种逻辑。

孟子对梁惠王说："王无罪岁，斯天下之民至焉"，也是相同的意思。身为国王，不提政治上的腐败，而归罪于年成不好，这是错误的。如果希望老百姓能归顺，那就不应该在年成的好坏上找借口，而是应该主要去看德政是如何实行的。因为老百姓不归顺自己，就把罪过归咎于年成不好，而不去反省自己的德行有没有问题，这也是自己给自己造成逆境，却把罪过推给老天，跟上述的问题是殊途同归。

总之，这个社会上，很多人有这种毛病，有问题时不去想想自己的智慧和学习方面有没有不够之处，却以为这就是逆境，这真是愚蠢至极。我相信，如果你有相当的智慧，再加以努力学习的话，就一定不会陷入一般人所说的逆境中去的。

根据以上所述，我想肯定地说，绝对不存在什么逆境！但是，不得不说也有一些例外。比如，一些在智慧、才能方面几乎都无可挑剔，而且又勤奋上进、足以成为众人表率的人，同样处于政界和实业界中，有的就颇为得志，诸事顺利，但有的却事与愿违，备受挫折。像后者这样的人，我认为可以称之为真正处于逆境的人。

细心且大胆

随着社会的进步，社会秩序和规则也日趋完善，这是理所当然的事情。但是，要展开新的事业时，这些规则多多少少会带来一些束缚，因而有可能出现保守的倾向。当然，轻佻浮躁的行为在任何情况下都是应该避免的，但过分重视规则规定，也会变得因循守旧，可能导致顽固或懦弱，其结果都会产生阻碍社会进步发展的倾向，这无论是于个人，还是于国家的前途，都是令人担忧的事情。

如今世界形势日渐动荡，竞争激烈，文明也在发生日新月异的变化。但不幸的是，日本由于长期处于闭关自守的锁国状态，落后于世界发展。开国以后，进步之快令诸列强国家惊奇，但还是在很多事情上仍落后于它们，这也是不争的事实。也就是说，日本尚未摆脱落后国家的状态。因此，为了同先进国竞争、角逐，甚至超越它们，就必须以加倍的努力去推动发展。同时，凡是有助于个人发展、改变国家命运的事，无论大小多少，都需要有尽全力和勇猛进取的精神。因此，小心翼翼地守护以往的事业成就，或因害怕过失、失败而犹豫不决、谨小慎微的做法，最终只会使国运衰退。

希望大家都要认真面对这个问题，大胆地去制定计划，谋求发展，一定要使日本成为真正的一流国家。我现在比过去任何时候都更深地感到，我们不仅要培养活泼进取的气魄，而且还需要有执行能力的人才。

培养具有积极进取的精神的人才，就必须使之成为真正特立独行的人。过分依赖他人，就会使自己的实力衰退，难以产生出最可贵的自信，养成因循卑屈的习性。所以我们必须大力鞭策自己，防止产生懦弱的性格。同时要注意，谨小慎微、拘泥于成规、埋头于小事，这些都会消磨活力，挫伤进取的勇气。

细心周到的努力当然是必要的，但另一方面又要发挥大胆的魄力。只有细心和大胆两者相结合，形成积极进取的精神，才能完成大的事业。因此，对于近来的一些倾向，必须大加警戒。最近，在年轻人中出现了积极创新的活力和大显身手的倾向，真是可喜可庆，但是，在中年层中，却仍然弥漫着死气沉沉的倾向，这不能不说是令人担忧的事情。为了发挥独立不羁的精神，必须一扫今日那种视政府为万能、民间的事业依赖于政府保护的风气，要伸张锐意进取的民间力量，要有不靠政府、独立发展事业的决心。另外，如果只是拘泥于小事，埋头于局部，反而会使法律条文之类的东西增多。然后，大家都为了不去触犯这些规定或者满足于在规定之内做事而小心翼翼，这样就不能创立新的事业，不能生气勃勃地发展，更别提去掌握世界的主动权了。

不以成败论英雄

在这个世界上也有那么一些人不向厄运屈服，并取得了成功，这样的例子比比皆是。但仅以成功或失败为标准去看一个人，就犯了一个根本性的错误。一个人必须以做人的原则来决定自己的方向，所谓的失败和成功都是身外之物。哪怕有人是在克服了厄运后获得成功，或是好人因为笨拙而失败，你也不能因此就悲观失望，不是吗？成功和失败，对一个认真去做事的人来说，不过是掉在他身上的一些残渣碎屑而已。

现在，很多人只把成功和失败放在眼里，而看不见天地间还有比这更重要的道理。他们不能把事物的实质视为如同生命一样重要，而是把如同渣滓的金钱财宝看得至关重要。人应该把做人的原则牢记在心，真正履行自己的职责，如此才有可能得到安心和满足。

在这个广袤的世界，应该成功却失败的例子数不胜数。虽听说智者自己创造命运，但是，命运是不可能长久支配你的人生的。只有在智慧伴随时，才能开拓自己的命运。无论你是多么善良的君子，如果缺乏关键的大智大勇，在遇到机会时，也会与成功失之交臂。德川家康和丰臣秀吉的人生就清晰地证明了这一点。假如秀吉活到 80 岁，而家康 60 岁就死去的话，那么结果会如何呢？也许天下就不属于德川家康，说不定老百姓反而会高呼"丰臣秀吉万岁"吧。然而，多舛的命运救了德川家康，却害了丰臣秀吉。不仅秀吉死得早，而且名将智士都群集于德川旗下。而丰臣的爱妾淀君为所欲为，非但不将六尺之孤托诸忠诚的片桐且元，反而宠用大野父子。不但如此，石田三成的关东征伐一战，加速了丰臣家的灭亡，为德川乘势统一天下创造了好机会。这是因为丰臣太蠢，而德川太聪明之故吗？我看不是，从德川家延续三百年太平的历史来看，倒可以说是命运所致。尽管如此，但要能抓住这一命运，并非容易，常人往往缺乏大智大勇去把握命运，并加以利用。只有像德川家康那样的人才能以智慧和勇气抓住来到自己眼前的命运。

总之，人最好诚实、努力、勤奋去做事，去开拓自己的命运。即使失败，也爽快承认是由于自己的智慧和能力不及所致。如果成功，那么就将其视作是自己用对了智慧，至于最后的结果，托付给老天就行。因此，即使失败了，你也会觉得这是吃一堑长一智，会等待东山再起的机会。人生的道路各种各样，有时也会看到善人败在恶人手里，但是时间一长，善恶的差别就会显现。因此，与其议论关于成败的是非善恶，不如先踏踏实实地努力去做。如果这样，公正无私的天也一定会赐福于此人，并为他开拓命运助一臂之力。

做人的道理就好像是天上的太阳和月亮，总是会发出光芒。按照道理行事的人必能兴盛，而悖于道理行事的人则必灭亡。一时的成败，在漫长的、有意义的人生中犹如沧海一粟。但是，世人往往憧憬于这一时的繁华靓丽，一味地关心眼前的成败。长此下去，国家的发展与进步也就无从谈起。彻底扫除这种肤浅低级的想法，过有意义的生活，才是最佳的选择。如果你能以超然的态度置身于成败之外，一生遵循做人的道理，就会觉得计较成败实为愚蠢，也便能度过有价值的一生。

成功，不过是在做人过程中碰到的零零星星的渣滓而已，不必太在意。

天地鬼神之道，皆恶满盈。谦虚冲损，可以免害。
　　　　　　　　　　　　——《颜氏家训》

天道先春后秋，以成岁；为政先令后诛，以成治。
　　　　　　　　　　　　——《扬子法言》

沾体涂足，暴其发肤，尽其四支之敏，以从事于田野。
　　　　　　　　　　　　——《国语·齐语》

夫用贫求富，农不如工，工不如商，刺绣文不如倚市门。
　　　　　　　　　　　　——《史记·货殖列传》

农事伤则饥之本也，女红害则寒之原也。
　　　　　　　　　　　　——《汉书·景帝纪》

言行，君子之枢机。枢机之发，荣辱之主也。

——《周易·系辞上》

发言盈庭，谁敢执其咎？

——《诗经·小雅·小旻》

言不务多，而务审其所谓。 ——《大戴礼记》

声无细而不闻，行无隐而不明。

——《说苑·谈丛》

志意修则骄富贵，道义重则轻王公。

——《荀子·修身》

译者后记

《论语与算盘》是被誉为日本近代资本主义之父的涩泽荣一先生的演讲集，于1928年出版，此后多次重版，成为很多实业家的爱读之书。今天被誉为"经营之圣"的日本企业家稻盛和夫的经营哲学思想也受到此书的影响。稻盛和夫的"利他之心""为社会为世人"，几乎都可以从《论语与算盘》中找到相似的观点，可见涩泽荣一思想的影响之久远。

由于本书是涩泽荣一先生在各处的演讲集，所以我力求以听得顺耳的演讲方式来翻译，我想，这大概是最忠实原文的翻法。如果涩泽先生用中文演讲的话，一定会是这样的吧，这个想法成了我此次翻译时对语言表达方面的定位。

我为自己能够成为本书译者深感荣幸，但也惴惴不安。说实话，这是一部不太容易翻译的作品。第一个原因是原文语言不是现代日语。正如一百多年前，中国文学尚处在文言和白话文变迁之中一样，日本的近代文学与语言表达方式也经历了同样的过程。因此，熟悉与理解这部作品的表达方式以及语境，是一大困难。

第二个原因是此前已经有多个译本，而且都各有千秋，因此，如何给自己的翻译语言表达定位，是一件不太容易的事情。当然，对译文的接受与选择，最后是读者的权利。

在翻译接近尾声时，新型冠状病毒肺炎在中国大地肆虐。古人云："祸至之无日，戒惧之不可以怠。"（《左传》）祖父陈子展①在我当年赴日本留学前，特地给我写下了这句话。题字至今仍挂在我的案前，每日视之，以告诫自己。正如涩泽荣一先生在本书中所强调的那样，一个人如果忘记古往今来与自己的关系，如果不以做人的正道为目标的话，那么随时就会给自己、给社会带来逆境，即灾祸。

《论语》，自古以来就是一面反映中国社会的镜子，远在两千年前，近在当今。"忠恕"二字，应该永远是我们中国人做人处世的基本，这样才能保持我们作为中国人的本色和特色。

---

① 译者注：陈子展（1898—1990），20 世纪 30 年代作为杂文家与鲁迅等人同时活跃在文坛。此外，还曾撰写关于中国文学史以及《诗经》语译的著述。晚年致力于研究《诗经》与《离骚》。

　　这部作品，是全国首播日语电视新闻节目《中日之桥》的制片人吴四海策划的，并与同名系列纪录片的播出同步出版，电视节目与书籍作品齐出，这应该又是一个创新吧。主持人吴四海先生是我的大学同窗，老同学，老班长，他得过"校三好学生"，拿过市大学生乒乓冠军，还是校唱歌比赛大奖赢家，一副好嗓，一手好字，文武双全，多才多艺。此次邀我同译，也是荣幸。为达到"信达雅"，一句话一个词，我们反复推敲酌酢，那份彼此顶真较劲的感觉仿佛又回到大学年代，很是美好。他还给了我不少有益的建议，在此谨表谢意。同时，也感谢出版社两位年轻编辑赵斌玮、樊诗颖，他们认真负责、耐心诚恳的工作态度，令我感激不尽。

陈祖蓓

于 2020 年 4 月中旬